沖 幸子

美人の暮らし方

GS 幻冬舎新書 053

はじめに

昔から私たち日本人には今でも十分に通じる洗練された暮らしの術《すべ》があり、それらは地域社会にしっかりと根を下ろし、私たちの暮らしの文化や美しい生活を作り出してきました。ところが、戦後60年の間、いつのまにか私たちは押し寄せる西洋文化の渦に巻き込まれ、意味もなく模倣した結果、異文化に翻弄《ほんろう》されるようになってしまいました。欧米を中心にした経済社会の競争が社会や家庭により多くの恩恵をもたらしてくれたことは事実です。

しかし、同時に私たちの生活の中で失うべきでなかったものまで失われる結果になってしまいました。善《よ》き人間性や価値のある文化、そして日本人の知的で美しい暮らしです。今こそ、それらを現在の生活の中に取り戻す時期かもしれません。

今、私たちの周りにはモノがあふれています。一見生活が豊かそうに見えますが、日本中には経済不安や将来不安が蔓延《まんえん》しています。

先進国でありながら、日本人の暮らしはモノの数と同じく豊かなのでしょうか。

デパ地下に行けば、高級食材が飛ぶように売れている光景を見ると、日本人の財布の豊かさを想像してしまいます。しかし、本当に私たちは豊かで幸せなのでしょうか。

心豊かな生活は、物の数ではなく知恵の深さや使い方にあります。

私たちの現実の生活は、モノが豊富になった分、暮らしの知恵が貧困になったような気がします。

人が、現実に希望を見出《みいだ》し、未来に夢を馳せるとき、毎日の暮らしで培った叡智《えいち》は、想像力や創造力になって現れるのです。

すべての明日への希望や夢は、今の暮らしの中で充実感を感じることから始まるのです。そんな人間として美しい暮らし方――「美人の暮らし方」をそろそろ身につけていきたいと思います。

私たちの祖先は、乏しい資源をいかに大切に上手に使うかに知恵を絞ってきました。そんな日本人の〝真に豊かな〟暮らしのコツを今一度考え直してみたいと思います。日本という国に元気と活気を取り戻すためにも、今ここで国の原動力になる日本人の美しい暮らし方を、原点に戻って見つめ直すことも大切です。美しい国も美しい人生も、すべては、私たち女性が「美人の暮らし」をする上に成り立つのです。

この本が、四季折々の美しい暮らしの知恵の数々を、立ち止まって思い出してみるきっかけになれば幸いです。

美人の暮らし方／目次

第3章　品格のある美しい暮らし　

第4章　美人の住まい方　

第1章 美人の生活

丁寧に暮らすことの大切さ

〝一日の苦労は一日にて足れり〟という言葉があります。

明日のことをくよくよ思い煩わず、何でもない日常の些細《ささい》なことをしっかりと丁寧に過ごしていれば、一日の終わりが充実します。

丁寧に毎日を生きることとは、人生が限られた人間には大切な基本精神です。最低限、自分にできることを決め、些細なことでもそれを必ず実行する習慣を持つことです。私は、朝起きたら必ず、シーツと枕のシワを伸ばします。それだけのことですが、その積み重ねこそ、時間のない私の心地よい暮らしの第一歩だと自分に言い聞かせています。

規則正しく、時間に縛られない

時間がないときこそ、心構えややり方しだいで効率的に事が運びます。

特に、場所も人間関係も限られた家事は、時間をかけたからうまくいくものではありません。自分にとっての暮らしの決め事をしっかり持ち、それを自分の行動パターンの中に組み入れるのです。例外もあり、そのときできないこともありますから、必ずその日のうちにリカバーできればいいくらいに考えます。

規則正しい決め事の中に、時間に縛られない余裕も大切です。

人間はロボットではなく、感情豊かな生き物ですから。したくないときのために、決め事は、習慣化させることをお勧めします。

最小限のもので最高の幸せを得る

「朝夕なくて叶《かな》はざらん物こそあらめ、その外は持たぬぞあらまほしき」

14世紀に生きた兼好法師はその著書『徒然草』の中で、人間は、「生きていくのに最低のものさえあれば他は必要ない」と説きます。7世紀も前に、「シンプルな生活こそベスト」と言い切った日本人の先人たち。これこそ、日本人のあるべき暮らし方を教えてくれているのです。

何百年も前に戻り、兼好法師や芭蕉のような世捨て人になることはできませんが、物がないことが常識となったとき、初めて私たちは物があることの幸せを感じるようになるのです。

今のように私たちの生活に物があふれ、物があるのが当たり前の世界に住んでいると、「ありがたい」という感謝の気持ちより、「あれもこれも」と不満になり、物がないと不幸に感じてしまうのです。

ゲーテが「人は、自分の持っているものしか旅からは得られない」といったように、人間にはそれぞれの存在価値があり、分相応があるという「足るを知る」ことも大切なことかもしれません。

物の数で心の幸せは得られない

私たちの先人たちは、人間の物への欲望が果てることがないからこそ、物から自由になることによって人の心がいかに豊かに幸せを感じるかを知っていました。

物質文明に翻弄される私たちの生活を予言し、その警告だったのかもしれません。

ここで、改めて考えてみてください。

豪華なインテリアで飾り立てた部屋も最初は珍しくていいですが、長い時間そこにいると身も心も疲れてしまうものです。

きらびやかな衣装で着飾った人を長時間見つめていると心が落ち着かなくなるのと同じです。

やはり、ゴテゴテした飾りはできるだけないほうが、人間はホッとし、癒《いや》されるものなのです。心を温めるために物は要らないのです。

あなたの気に入ったもの、手入れの行き届いた質のいいものなどに囲まれ、ついでに、あなたの生活の見栄や体裁を取り除くことができれば最高に幸せではないでしょうか。

私がかつて暮らしたドイツにも、「WENIGER IST MEHR!」という言葉があります。

つまり、英語で言う「SIMPLE IS BEST」。

やっぱり、ゴテゴテ飾らないのが一番。

最小限のものに囲まれて、最高の幸せが得られる生き方・暮らし方が最高です。

あなたが楽しいことが一番

戦後20年くらいまで、一般的な日本人の家には、今と比較にならないくらいモノがありませんでした。でも、人々の暮らしには自分流があり、そこそこのこだわりがありました。夕餉《ゆうげ》のおかずが茄子《なす》の煮物だけでも卓袱台《ちゃぶだい》を囲んだ一家の団欒《だんらん》があり、原っぱや路地裏では手作りの遊びに興じる子供たちの笑い声が聞こえてきました。

たまにお母さんが作るカレーライスの味に子供たちは手をたたいて喜びました。

今は、子供たちが安心して遊べる場所を確保するのさえ困難になり、知らない大人には話しかけられても無表情にするようしつけられ、なんと悲しい、さびしい世の中になってしまったことでしょう。

こんな世の中でも、あきらめないでできることはたくさんあります。

家事も仕事も、すべて自然に無理のないやり方でベストを尽くす。

自分が楽しくイキイキしていれば、周りも楽しく明るくなります。

がんばるときは時間を決めて

「最近の若い人は、何事も我慢ができない」と嘆くご高齢の方が多いようですが、「すぐキレる」のは若い人だけに限らないようです。

中高年も含めて、興味がないもの、嫌いなものには「こらえ性のない」人が増えました。

農耕民族の日本人は、雨の日も風の日もひたすら忍耐づよく自然に向き合い生活の糧《かて》を得るために生き延びてきました。その培われた生活の歴史と私たちの中に流れるDNAは、日本人が誇りにし自慢できるものです。

忙しいだけのめまぐるしい今だからこそ、「何でも歯を食いしばってがんばる」、そんな一瞬があってもいいかなと思います。

特に暮らしまわりのなんでもない「決め事」、ご飯を食べたらすぐテーブルを片付ける、雨の翌日は窓ガラスを磨く、顔を洗った後の水しぶきは乾いたタオルで拭くなど。

習慣化してしまえばラクになることを5分、15分と時間を決めてがんばってみるのです。

私は、掃除の会社を起業して、「もう辞めたい」と何度も思いました。でも、もう少しがんばってみよう、と自分に言い聞かせ、気がつくと20年になっていました。

あのときの「がんばり」がなければ、今の自分はないし、得られることもほとんどなかったような気がします。

暮らしの中で、どうしても好きになれない家事、たとえば、掃除が嫌いだとします。

あなたの部屋をきれいに保つための「自分への健康管理」だと言い聞かせるのです。

その具体的な方法は掃除の項で詳しく紹介しますが、毎日時間を決め、「ひと踏ん張り」してみるのです。

私の場合、好きでない掃除の「ひと踏ん張り」が、「掃除のマニュアル」になり、ビジネスへと発展してしまったのです。

もちろん、好きなことはいくらでもがんばりましょう。

心が疲れたときは手を動かしてみる

団塊の世代である私の、母のイメージは「夜なべをして繕い物をしている姿」。今のようにまだテレビも普及しなかった昭和の中ごろまでの日本。家族が寝静まった夜、母親たちはそれぞれの家族の衣類の繕い物や編み物の手仕事が日課でした。衣類のほころびを何度も修理して使い尽くす習慣はどこの家庭でも当たり前で、その清貧の思想こそ最も尊ばれることだったのです。

使い慣れ親しんだものが新しく甦《よみがえ》ることを楽しみに想像しながら、手を動かすことは家事を任された者の最高の喜びだったのでしょう。

人間にとって手は最高の道具。その手を使って、編み物をしたり、はがきを書いたり、料理をしたり、テーブルや食器をピカピカに磨く。

今もう一度、「夜なべ」までしなくても、自分の手で何かを自分や周りの人のためにすることを始めてみてもいいかもしれません。

嫌いな掃除には時間も労力もかけない

家の中で行なう家事には、料理、洗たく、掃除、育児・介護、買い物、家庭管理などいろいろな種類があります。

あなたは、料理も掃除もすべて好きといえますか。例外を除いて、ほとんどの人が、掃除が好きだけれど料理は嫌い、買い物は好きだけど家庭管理ができない、などが当たり前なのです。

私の場合、掃除が好きではないけれど「きれいが好き」なので、人に任せたいと思ううちにそれをビジネスにしてしまいました。

家事をいろいろと工夫して楽しむのが好きですから、その方法を皆さんにご紹介したいと、会社の経営の合間に本を書き始めたのです。

世の中には私のように掃除が嫌いな人が多いことを知ったとき、時間のない私の掃除法をお伝えしたら、それがベストセラーになってしまいました。

汚れない前にさっと拭いたりすれば、ひどい汚れにならず、家はいつも「きれい」を保てるのです。

雨の降った翌日の午前中は、私の窓ガラス磨きタイム。どんなに忙しくても少し早起きして5分だけで済ませてしまいます。湿気で窓ガラスの汚れがゆるんでいるので、タオルで拭くだけできれいになります。

昔の母の時代の習慣を、時間がない私の生活に少し今風にアレンジしたスタイルなのです。

気持ちが沈んで何もしたくないときがあります。

こんなときは流れに身を任せる「芭蕉風」のライフスタイルもお勧めです。

自分に無理強《じ》いをしないで、自分に休みをとってあげるのです。

家事はダラダラすると達成率も悪く、身体《からだ》も疲れ、一番中途半端になります。

美味しいものを食べ、終日何もしないで過ごします。少し頭がすっきりして、元気が甦ってきます。

大好きな紅茶にミントのキャンディーを浮かべて飲んでみたり、愛犬ドンキーの身体をぬれたタオルでマッサージしながら拭いたり。何でもない時間を自分へプレゼントするのです。ペットのニオイも取れ、心も家もきれいになり一石二鳥。

こんなひとときが人生にあることの幸せを感じます。

ときにはラジオだけで過ごす

私の友人に「テレビが壊れたので、ラジオだけで過ごしている」人がいます。彼女はテレビのない生活にすっかりはまってしまい、「プライベートの時間が充実した」といいます。ラジオのニュースを聞きながら、掃除をしたり、本を読んだり、「することが広がって、時間を上手に使っている感じ」と、すっかりテレビ離れをしてしまっています。

ラジオを聞いていると、目で見ることができない分、頭のすみずみに神経が行き届いた感じで想像力が豊かになります。

ドンキーを連れてときどき過ごす山小屋では、ラジオだけ。流れるのは朝と夕方のニュースと音楽のみ。あとは木々の間を流れる風の音が心を癒してくれます。

朝起きたら窓を開ける

日本古来の家屋は木と紙と土でできています。

これらの自然の建材は、日本の四季折々の気候風土に合わせて呼吸し、夏は涼しく冬は暖かく過ごせるようになっているのです。

現代建築は、窓枠や壁などほとんどの場所に新建材が使われ、密閉度が高く、自然の空気の流れができにくくなっています。

コンクリートの住宅では、換気扇は部屋の換気とともに衛生や安全のためにも必需品です。

その日を気持ちよく過ごすためにも、朝、起きたら必ず窓を開けて部屋の空気を入れ替えることは大切です。

部屋の空気が汚れると、汚れが重なり、部屋も汚れるというわけです。

汚れてよどんだ空気は気分も悪くします。

私は、毎朝、起きてすぐ窓を開けます。

これは子供のときからの習慣で、ドイツに住んでいた頃、ドイツ人が気温零下の日でも空気を入れ替えるために窓を開けるのを見て、「ドイツ人にも同じ習慣がある」ことに親近感を覚えたことがあります。

お天気ならば、長時間窓を思いきり全開します。雨の日でも少し開け、短時間に空気を入れ替えます。

いつも風が心地よく通る家が、私の理想です。都会ではそうはいきませんが、少しでも風を家に迎え入れたいと思っています。

そうすれば、いやなニオイや汚れからも解放され、心もさわやかになるからです。

何もしない週末をつくろう

たまには何も予定を入れない週末をつくることをお勧めします。

仕事が忙しいときにかぎって、週末にプライベートで出かけたり、人に会ったりする予定を入れてしまうものです。

私は、月に一度、予定が何もない週末をつくることにしています。あるとき、たまたま予定がキャンセルになり、何もしなくてもいい週末ができたのです。そのときです。「何をしようか」と考えたとき、身体中になんとも心地よい充実感が広がったのです。

これこそ、自分を見つめるグッドチャンス。

何をするかはあなたの暮らしの質によります。自分のためになることが一番です。

私は、自分の衣類を整理したり、鉢植えの手入れをしたり、ケーキを焼いたり、漬物に挑戦したり。ふだんできないことをして、心と身体を遊ばせるのです。

非日常の暮らしの引き出しがたくさんあればあるほど、それはマンネリ化した日常生活の〝最高のサプリメント〟になるのです。

ちょっとしたコツをメモする

小ぎれいで、品のある暮らしをするには、生活のいろいろな場面でちょっとしたコツや知恵を持っているかどうかがポイントになります。

私は、仕事も家事も捨てたくないので、いかに毎日の家事を手早く上手にするかをいつも考えています。些細なことでもメモにし、それを実際にやってみて、うまくいったときは心まで楽しくなります。

新聞や雑誌からそのコツを学ぶこともありますし、自分で考えつくこともあります。

暮らし方がどうもうまくいかない、と悩んでいる人には「何が好きで、嫌いか」をはっきりさせることをお勧めします。

私は、「掃除が好きではない」ので、掃除が短時間で上手になるためには場所別にポイントをメモし、それを時間を決めてやることにしたのです。

もちろん、メモどおりできるものとできないものがありましたが、いつのまにかメモすることが習慣になり、生活全般のちょっとしたコツやアイデアの〝貯金〟ができ始めたのです。

好きな料理も好きでない掃除も何でもメモすることは私の暮らしをそこそこ小ぎれいで快適にするためには欠かせません。

何もないからシンプルとはかぎらない

イギリスに住んでいた頃、家具付きのこぢんまりしたアパートには食器まで揃《そろ》っていました。スプーンは大小6本ずつ、お皿も大小6枚ずつ、カップアンドソーサーも。すべて、生活に必要な最低のものがきちんと揃えられていたのです。

毎朝和食が習慣の私は、日本から持ち込んだ食器を使わず、ご飯はサラダボウルで、みそ汁はコーヒーカップを工夫して使うことにしました。

必要なものを目的に合わせて数多く持つことより、知恵を絞って工夫をすれば「一つで二度も三度も美味しい」快適な生活ができるのです。

何もないことがシンプルな生活ではなく、最低の物の数で、最高の知恵を使うことが心も身体も楽しいことを知りました。

快適な生活は、お金をかけないで、必要最低の物の数で、自分を喜ばせる知恵を持つことなのです。

四季折々の行事を大切に

私は、どんなに忙しくても日本の四季の行事を大切にしたいと思っています。

昔の母や祖母の時代のように、古式に則《のっと》って完璧ではありませんが、なにかにつけ季節を楽しむ、その日本人の心を大切にして忘れたくないのです。

日本の年中行事を毎日の生活にもっと取り入れることで、現代人が忘れがちな「ゆとりの心」を取り戻せるような気がします。

お正月

お飾りは12月27日から30日までに。

暦の上でもお正月は新しいスタート。

私はカンタンな手作りの注連《しめ》飾りを27日から30日までに玄関のドアに飾ります。31日になると一夜飾りといって縁起がよくないといわれていると母から教えられたからです。

門松《かどまつ》

小さな我が家の門に、市販の松を一対飾ります。

門松はその年の神様をお招きするもので、夫婦円満、子孫繁栄のお守りといわれています。

鏡餅

もともと、モノや家への感謝をこめているとかで、女性は鏡台に供えるといいそうです。

玄関の鏡の前に小さな鏡餅をインテリアも兼ねて飾ります。

1月11日の鏡開きには手で割ってお汁粉にします。

カビは削れば大丈夫ですし、固くなったらぬるま湯につけます。

1月7日は七草がゆ

寒い日本の冬に芽をふく春の七草。

ナズナ、ホトケノザ、ゴギョウ、ハコベ、セリ、スズナ、スズシロ。

昔の日本人はこの野草のエネルギーを身体に取り入れ、寒い冬を元気に乗り切ろうとしたのです。今では薬も栄養サプリメントもありますが、私は市販の七草のセットで七草がゆを作ります。

薬草でもある七草を食べると、疲れた胃腸も元気、快適です。

2月の豆まき

節分の時期はちょうど季節が変わり、春が訪れる頃。

この頃は体調を崩しやすいときでもあるので、「鬼は外、福は内」と春に向かって心の準備をします。生活のリズムを調整してくれるのです。

まく豆は、いり豆を使うのが基本です。自分の年の数＋1個を食べます。

巻きずしの丸かぶり

最近は、コンビニやスーパーでも「丸かぶり」用の巻きずしを予約で売っています。

その年のめでたい方向（恵方《えほう》）を向き、願い事をしながら巻きずしを丸ごとかぶりつくのです。そのまま最後まで食べ切れれば、願い事が叶うそうです。

3月のひな祭り

2月も中旬を過ぎた休日の午前、私は小さなおひなさまを飾ります。

部屋のインテリアとしても春の季節感が感じられ、見ているだけで時が平安の頃に戻ったようなゆったりとした気分になります。

おひなさまがなくても3月3日まで、折り紙で作ったおひなさまや桃の花を飾るだけでも十分。春の季節がもたらす華やいだ気分が味わえます。

ひな壇は北側に飾るとよいそうです。また、桃のピンク色は女性に良縁を招く色でもあるようです。

3日を過ぎて飾っていると、女性の婚期が遅くなるという言い伝えもありますが、昔の人はおひなさまに自分の厄を託したといわれるので、いつまでも飾ると縁起が悪いということでしょうか。

春と秋のお彼岸

春分と秋分の前後3日をお彼岸といいます。仏教でいう極楽のある西の方向に手を合わせて祈ります。暑さ寒さも彼岸までといわれ、この日を境に季節が変わりしのぎやすくなるのです。

春と秋のこの時期、私は、遠く離れた故郷の亡き父母の菩提寺《ぼだいじ》にお供えを送ることにしています。お彼岸にお墓参りに出かけることができないことが多いので、お墓参りは近くに仕事で出かけたときに必ず寄ることにしています。

春のお彼岸には、牡丹の花の季節から「ぼたもち」、秋のお彼岸には、萩の季節なので「おはぎ」を作り、仏壇に供えたお下がりを食べる習慣でした。

秋のお彼岸の頃に咲く真っ赤なヒガンバナは、別名火事の花ともいわれます。

子供の頃「家に持ち帰ると火事になる」と嫌われたのを覚えています。

私の故郷では、毒性の強いこの花は「手腐れ花」とも呼ばれ、身体のためによくないので、子供たちに「手を触れてはいけない」と言い聞かせるためでもあった気がします。

新茶の季節は日本人の暮らしの味

歌にもあるように、夏も近づく八十八夜。

立春から数えて八十八日目が、茶摘みの作業が始まる頃です。

今年初めて摘み取られた一番茶は新茶と呼ばれ、香りも味も日本人にとっては特別で貴重な旬のもの。

昔からこの一番茶に含まれるアミノ酸のテアニンと呼ばれる成分は身体も心も安定させる働きがあるとかで、このお茶を飲むと長生きできるといわれてきました。

その昔、新茶が手に入ると、母が少し温《ぬる》めのお湯で、じっくり時間をかけて丁寧にいれてくれた姿が思い出されます。

菖蒲湯《しょうぶゆ》

5月5日は男の子の成長を祝う端午の節句。

私は、スーパーの店頭で菖蒲を見つけると、「今夜のバスタイムは、菖蒲湯」と、心が躍ります。

菖蒲の根は漢方薬になり、葉っぱから出る香りは、疲労回復にも効果があります。もともと菖蒲湯の始まりは、女性たちが菖蒲やよもぎを浮かべたお湯に浸《つ》かって豊作を祈ったことからだそうです。

菖蒲と一緒によもぎを入れると、肩こりや美肌効果もあるといわれています。

今、いろいろなアロマ効果のある入浴剤が若い女性たちを中心に人気です。リラックス効果を求めてわざわざ高いお金を出してまでアロマのエステに出かけます。

しかし昔から日本人は生活の中にお金をかけない入浴方法をしっかり身につけていたようです。しかも作物の豊作を祈りながら自分の心と身体のリラックスまで兼ね備えた知恵には感心してしまいます。

七夕

誰もが知っている織姫と牽牛のロマンス。一年に一度この七夕の日に出会うことができるのです。

地方によっては裁縫の日とか習字の上達を願う日ともいわれます。

墨でたんざくに願いを書いて笹竹に吊るします。

子供の頃、色とりどりの折り紙でお願いを書いて吊るしたものです。

私は、今さらと思いながら、白い半紙に願いを書き、折り紙と一緒に笹に吊るします。

お盆

先祖がめいめいの家に帰ってくるのを迎える行事です。

地方によって祭り方はいろいろ。

先日、郷里のお寺の住職さんに、「きゅうりは先祖を迎えにいくための馬、なすびは先祖にゆっくり帰ってもらうための牛」と教えていただきました。

そういえば、子供の頃なすびやきゅうりに割り箸で木の足を作って飾った記憶があります。そういうことだったのか、とこの年で初めて知りました。

ついでながら、各地で行なわれる盆おどりは、先祖を迎える喜びを身体であらわしたものなのです。

9月の十五夜と10月の十三夜のお月見

澄んだ秋の夜空の満月はロマンチックで郷愁を誘います。

花瓶にさしたススキとピラミッドのように重ねたおだんごは日本のお月見の〝定番〟風景です。

10月の十三夜は日本独特のお月見で、枝豆や栗、ゆでたサトイモなどを飾る習慣があります。

冬至の食べ物

寒い冬を乗り切るために、冬至にはゆず湯に入り、かぼちゃを食べるといいといわれます。

ゆずにはビタミンCが多く含まれ、新陳代謝を活発にし、風邪予防になります。かぼちゃにはビタミンAやカロチンが多く含まれます。

昔の人は、「ン」のつく食べ物を「運」につながると好んで食べました。大根、レンコン、昆布、ほうれん草、みかん、こんにゃくなど。確かにバランスのよい食生活は健康的でいつも元気のもととなり、自然に「幸運」を呼ぶことになるのかもしれません。

昔の人の生活の知恵には暮らしの哲学があります。

大晦日《おおみそか》の年越しそば

大晦日のビッグイベントとして、除夜の鐘とともにおそばを食べる習慣が日本人にはあります。細く長く生きられるようにという願いがおそばにかけられているようです。私の母が作る年越しそばには長ネギと一緒にニシンが入っていました。

ふうふういいながら年越しそばを食べ大晦日を家族で過ごした温かい思い出は、父母が亡き今でもはっきりと心に焼き付いています。

昔のエコ生活の知恵を学ぶ

省エネルギーや節約を考える前に、扇風機やエアコンに頼らなかった昔の日本人の生活の知恵を学ぶべきかもしれません。

電気代やガス代の心配もなく、人工的な機械ではなく、自然をフル回転利用ですから心もなんとなく穏やかで豊かになります。それに何よりも健康的です。

日本の夏を涼しくする知恵

地球温暖化現象は、地球全体の大きな課題です。

日本の夏は高温多湿。今ほど暑くはないにしても昔の日本人は、さまざまな暑さ対策を生活の中で考え出しました。

流しそうめん

私の郷里の名物はなんといっても播州《ばんしゅう》そうめん。

子供の頃の夏。映画「ラストサムライ」で有名な円教寺がある書写山のふもとは、〝流しそうめん〟を楽しむ人でにぎわっていました。

見ているだけで涼感を呼ぶ流しそうめんは、楽しみながら食も進み食欲のない夏にはピッタリの知恵です。江戸時代に始まったといわれますが、暑い夏を元気に乗り切るためのエンターテイメントも兼ねた食生活の知恵です。

打ち水で自然冷房

毎日蒸し暑い日が続く夏の夕方。昭和30年代までは、どこの家でも玄関まわりや庭先にバケツや手桶の水をひしゃくでまく光景は当たり前でした。

土にまいた水は水蒸気に変わるときに地表の温かい空気を奪ってくれるので、自然の冷房になるのです。私は暑い夏の夕方、ホースで庭の草花に水をやるついでに玄関まわりにも打ち水をします。水が周りの暖かい空気を吸収してくれるのでヒンヤリとした気持ちのいい夜が過ごせます。

すだれと障子

子供の頃、梅雨が終わると、我が家の部屋のふすまは取りはずされてすだれがかかり、「夏が来た」ことを教えてくれました。日本の蒸し暑い夏を涼しく過ごすために、部屋中に風を通して、見た目も涼しく感じられ、一石二鳥の生活の知恵です。

紙一枚の障子も開け閉めすることで調整でき、部屋の自然換気になります。

夏バテ防止の食べ物

梅酒

我が家には私の手作りの梅酒が常備されています。

子供の頃、「梅は薬」といわれ、梅酒で作った寒天ゼリーがおやつでした。梅酒は暑さで弱った体力を元気づけてくれる薬酒といわれ、どこの家庭でも手作りの梅酒が常備され家族の健康を守っていたのです。

今は栄養ドリンクやサプリメントが出回り、わざわざ梅酒を作るなんてめんどうと思う人が多いようです。しかしお手製の梅酒のある暮らしは私自身が毎日の生活を大切に丁寧に過ごしている証《あかし》なのです。

土用のうなぎ

夏の暑い日を乗り切るためには、今も昔も体力がものをいいます。

今のように栄養ドリンクが闊歩する時代と違い、昔の人たちは、身近な数少ない食べ物の中から栄養源を探しました。

うなぎは脂肪やビタミンAを豊富に含んでいる食べ物です。身体に元気を与えてくれる食べ物として今も土用の丑の日にはうなぎを食べる習慣が残っています。

カキ氷で美味しい涼感を

子供の昔、夏休みには母がカキ氷をよく作ってくれました。

カキ氷を美味しく食べながら身体を涼しくし、外へ出るときは「必ず麦藁《むぎわら》帽子をかぶる」ことが習慣でした。平安時代からあるカキ氷と麦藁帽子は日本の夏の風物詩です。

カキ氷は食べ過ぎると身体が疲れるので、暑いときに少量が理想です。

冬の寒さをしのぐ

湯たんぽで暖かく

江戸時代頃から伝わる生活の知恵。寒い冬にお湯を陶器の入れ物に入れ布でくるんで布団の足元に入れると温かく朝までぐっすり眠れます。

電気代もいらず、自然のエコ生活で、最近では日本古来の健康的な湯たんぽを見直す人が増えているそうです。

こたつ

今は安全のために電気が主流ですが、江戸時代は炭火でした。

家族や知人同士が足を一緒に入れ心も身体も温まることができ、同時に何人も一度に暖を取れるので省エネにもピッタリです。

火鉢と囲炉裏《いろり》

火鉢は火災予防から都会ではほとんど見かけなくなりましたが、北の地方に行くと囲炉裏は日常的に活躍しているのを見かけます。

上からやかんやなべを吊るしてお湯を沸かし、いつでもお茶が飲め、しかも湯気が乾燥した空気を湿らせるので風邪予防にもなるのです。

第2章　美人の家事

家事は分業スタイル

家事には大きく分けて料理、洗たく、掃除、育児・介護、買い物、家庭管理などがあります。先進国の中でも日本ほど女性の家事に費やす時間が多い国は他に見当たりません。

男女とも特に男性の家事に対する認識が低いのか効率的な家事労働がなされてないのか、いずれにしても家事の分業がもっと進まなくてはいけないと思います。

日本の少子化問題は結婚をしなくなった男女が増えたことが原因ともいわれていますが、もっと根っこの問題があるような気がします。男女ともに家庭を営むという男女共同参画型の家事への意識の欠如が大いに関係しているように思えるのです。

家庭を持てば女性だけに家事労働の負担が多くなる現実では、なかなか結婚に踏み切れない若い女性が増えるのも自然の成り行きかもしれません。

そこで家事のサービス化・分業化がもっと進むことが大切です。

私は外で働く自分の家事労働の中で「好きでない」掃除を他人にやってもらったら自分にもっと心のゆとりと時間が生まれるのではないかと思い、掃除サービス会社を作ったのです。おかげで20年経《た》った今、ハウスクリーニングサービス業として産業界でも注目されるようになりました。なによりうれしいのは「掃除に手が回らない女性たち」に感謝されるようになったことです。

「家の中の掃除」がビジネスとして注目されるようになったとたん、掃除をしない男性たちが「ビジネスとしての掃除に関心を持ち始めた」ことも大きな進歩だと思っています。

自分のために作ったビジネスでしたが、高齢者や兼業主婦、子育て中のご夫婦などの家事のサポートになくてはならない存在になりつつあることが今の私の誇りです。

家事の分業化は、なにもプロの手を借りなくても家族の手を借りて上手に短時間に家事を処理することも含まれます。

そして余った時間を心が喜ぶことに使うことこそ意味があるのです。

たまには家事を人に任せてみる

ドイツに住んでいた頃、感心したのはドイツの主婦たちが家事を人の手にゆだねるワザに優れていたことです。

毎日の家事を自分ひとりで背負うといつかは大変になってしまうので、機会を捉えて夫や家族の手に任せることを考えてみるのです。

犬の散歩やゴミ出し、掃除でも体力がいる換気扇や浴室そして窓ガラス磨きなどを自分から切り離すことも賢いやり方です。

「夫である男性が家事をやらない」と嘆く女性は、人にものを任せるのが下手か、手伝おうとしない相手の男性の人格に問題があるか、どちらかが原因かもしれないと考えるべきでしょう。

人にものを頼むことが上手な人は「ありがとう」という感謝の言葉も忘れません。

要は人にやる気を起こさせるような気配りも大切なのです。

どんなことでも遅いということはありません。今からでも家事の分業スタイルを考え工夫することです。

結婚を機に家事を分担するシステムを約束事にしたり、定年退職後の男性には興味が持てる掃除から優しく手ほどきしてみるのも一案です。

掃除は「好き」より「上手」をめざす

家事の中で掃除の嫌いな人がダントツ1位だそうです。

私もそのうちの一人かもしれませんが、ただ嫌いだからと投げ出したくありませんでした。なぜなら清潔な部屋に住み、美しい暮らしをしたいと思い続けているからです。

ではどうすればいいのかと悩み続けた結果、「人の手を借りる」か「上手になればいい」ことを思いつきました。掃除会社を経営していますが「掃除が好き」な人はスタッフとして向かないことも発見しました。「掃除が好き」な人は自分流の掃除をしてしまうので他人の作った汚れを乗り越えることができません。プロの掃除は決められた時間に素人以上の技術を要求されます。そのためには他人が見てきれいな掃除の技術を身につける姿勢が必要なのです。

ひと言で言えばプロと素人の掃除の違いは「客観的目線の掃除」ができるかどうかです。「まあきれい」とお客様に言っていただくことが最高のプロの誇りなのです。

時間をかけない家事を工夫する

上手な掃除は生活すべてに通じるものがあるような気がします。

時間を効率的に使うプロの掃除には無駄がありません。これを日常の家事に応用すれば好き嫌いや面倒と思うまもなく家事が処理できます。残りの時間はゆったり過ごす暮らしのメリハリも生まれます。

昔の日本人は、いつも部屋をきれいにする自分なりの〝暮らしのリズム〟を持っていました。朝食の前と後は卓袱台をきれいに拭き、食後は折りたたんで部屋の隅に立てかけ、茶の間を掃く。朝と夕方は玄関のたたきを掃き、草木に水をやり打ち水をする。

その合間にいろいろな雑事をこなし買い物に出かけ食事の支度をする。

昔の人と同じようには無理かもしれませんが、今のあなたにも〝家事のリズム〟を身につけることはできるはずです。部屋をいつもきれいに保つためには汚れをためないこと。汚れたらすぐきれいにする、が原則です。

テーブルは使ったら必ず拭くことをセットにします。

毎日やること、週に一度やることを決め、掃除にかける時間は15分以内と決めます。

ふだんの私は朝起きて窓を開け枕やシーツのシワを伸ばし、週末は掃除機かけが加わります。トータル時間は10分くらい。

歯を磨きながらバルコニーの植木の手入れをしたり、洗面台の水しぶきは乾いたタオルで拭きます。キッチン仕事もレンジ台を使ったら、余熱があるうちに油汚れや煮こぼれをその場で拭くだけ。

どれだけ多くのこまめな〝ながら家事〟を身につけているかで家事時間が短縮され、その分あなたの顔に笑みが生まれるはずです。

効率的なポイント掃除

時間がないときこそ目につく場所や気になるところだけをピンポイントに掃除することをお勧めします。

ドアの手垢や玄関のたたき、水まわりの水道の蛇口や洗面台、テーブルの上や電話をさっと拭くだけでも部屋全体がさっぱりきれいに見えます。

掃除機は部屋中かけると時間も体力も要ります。部屋の出入り口、椅子やテーブルの下、部屋の隅など汚れやホコリが集中するところだけかけます。

メリハリ掃除のポイント

暮らし方は生き方につながります。

メリハリの利いた生き方をしている人はいつも元気で美しく見えます。

掃除も同様、ダラダラとする掃除ほど効率が悪く、身体だけが疲れ、心も暗くなってしまいます。短時間でメリハリをつけてこなす掃除は部屋がいつもきれいなのです。

掃除はルール化しやすい家事です。

ダラダラと一日掃除に費やしても短時間で決めた場所をきれいにしても見た目の〝きれいの度合い〟は変わりません。

短時間でも自分ができる掃除を決めてそれを実践することが上手な掃除のポイントです。たとえば午前中の何分間どこを掃除するといったふうに。仕事を持つ人は夜や週末の休日の時間を掃除タイムに当てるのです。

一度に全部の部屋を掃除するなんてことは今の時代には合いません。

時間も労力もかかる掃除はやがて「掃除が嫌い」になり、部屋中にホコリや汚れがたまってしまい、手がつけられなくなります。

自分なりの掃除ルールを決め、自分のライフスタイルに合わせて掃除タイムを少しずつ入れていけばいいのです。

汚れる前の掃除のすすめ

きれい好きの母には「掃除はいつも塵《ちり》のうちに」と教えられました。

つまり汚れる前の掃除です。一見、きれいに見える場所でも必ず決めた時間に決めた場所を何かのついでに少しずつ拭いたり掃いたりするのです。

食事の支度が整ったらテーブルを拭いて食事が終わったらまた拭く。顔を洗ったら水しぶきを拭いておく。汚れたら〝すぐ〟拭いたり掃いたりする。

母たちの昔、たったこれだけのルールを当たり前のように実践するだけで部屋はいつも小ぎれいでした。

汚れる前の掃除は「カンタンで早い」ことを昔の人たちはすでに発見し習慣化していたのです。

汚れる前の私の掃除ルール

❶ 朝起きて窓を開け、掃除機をさっとかける　約5分
❷ 歯を磨きながら洗面台の水しぶきを拭く　約3分
❸ キッチンは使う前に調理台をタオルで拭く　約3分
❹ お湯を沸かしたケトルは余熱があるうちにぬれたタオルで拭く　約1分

❺ 使ったレンジ台やオーブン、電子レンジはぬれたタオルで拭く　約1分
❻ トイレは使った後一日一回ブラシで内側を磨いておく　約1分
❼ バスタブはお湯を落とした後ぬれたタオルで内側を磨くように拭く　約2分
❽ 床は汚したらすぐ拭く
❾ ドンキーの足と身体を一日一回拭く
❿ 一箇所ずつ場所を決め掃除機をかける
⓫ 一日5分、気になる場所をきれいにする
⓬ 寝る前にキッチンの床を拭く
⓭ 窓は雨上がりの翌日タオルで拭く

掃除道具はカンタン・シンプルで使いやすいもの

日本の昔の家の掃除道具は、はたきとほうきとぞうきん。この3つさえあれば毎日の

掃除には十分でした。もちろん、昔の汚れは今と違い油汚れがほとんどありませんので洗剤やブラシを必要としなかったのです。

現代の掃除嫌いの原因に「便利な道具たち」の存在があるかもしれません。

少しでも便利ならばと道具を買い揃えたもののその道具を使いこなせず、むしろ道具に翻弄されているのです。

道具とは人間が使いこなすもので使われるものではありません。

我が家の道具はいたってシンプルでカンタンです。

ホコリをはたくための化学はたき、洗って何度も使える優れものです。

色もピンク、黄色、ブルーと何色か揃っているので好みに合ったものを選べます。

プロ的には黄色がお勧め。何度洗っても色落ちが少なく、なによりも使っていて元気が出る色ですから。

掃くためには掃除機と、ほうきが庭用に長い柄付きと短い柄付きの2本。長いものは高いところや広い場所に、身体が疲れず便利です。

細かいところの汚れを落とすために目地ブラシが2本、床用とテーブルやインテリア用です。

拭くためにタオルぞうきんが、床用、家具やテーブル用、わが犬ドンキー用の足を拭いたりする下拭き用が数枚ずつあります。

浴室やトイレを磨くためにはそれぞれ専用のブラシ。キッチンにも小さなスポンジ。タオルは縫わずに一枚で使えば表裏何度も使え、洗ってもすぐ乾きます。

道具は使ったらすぐ手入れをしてあるべき場所にしまっておきます。

ほうきは毛先が傷まないように壁に掛けたり、立てかけたりします。スポンジやブラシは水気を払い風通しのよいところにしまいます。

昔に比べれば、今の時代、汚れが複雑になった分、道具も多くなると考えがちですが、今でも道具は最低の数を大切に手入れをしながら使いこなすことが大事。

そのほうが身体もラクですし、収納に場所もとらず手入れに時間もかかりません。

整理整頓の基本ルール

モノがあふれる原因は、ずばり自分の収納スペース以上にモノを持つからです。収納の広さは個人によって違いますから、今ある自分のスペースにはどれだけのものが収納できるかを自覚することです。

忍者屋敷のように収納場所をチマチマと作ってみてもどこに何をしまったかを覚えられず、使いこなせないものが増えるだけです。収納場所は昔の家のように押入れとか納戸のような大きなスペースでシンプルにしないと、どこに何をしまったかを忘れてしまいます。

日本のおばあちゃんの時代はたんすの中が衣類の収納場所。一人につきたんす一棹《さお》が基準で、しまうことができる着物の数も決まっていたので日頃の出し入れも手入れも簡単でした。

昔の日本人のようにたんすや押入れという収納場所を目安に自分の持てる定数、つまり定量を決めておくことは大切な収納の基本です。

きれいとか楽しいとか欲しいとかいうあなたの〝右脳〟だけでいつも行動せず、どこにしまうか手入れ方法はどうするかなど、たまにはしっかりと〝左脳〟を働かせることもお勧めします。

何かのついでに手を動かす習慣を持つ

いつも小ぎれいに暮らすためには、わざわざ家事のための時間を作らなくても、何かのついでに手を動かすことでカンタンな家事がいつのまにかできてしまいます。

朝起きたとき窓を開けて部屋の空気を入れ替える、ベッドを離れるときにシーツのシワを伸ばす、ケトルでお湯を沸かしながら調理台を拭いたりと。

さらに冷蔵庫の開け閉め時に扉を拭いたり、料理と同時進行でレンジ台や調理台を拭いておく。これだけの習慣でもあえて家事時間をとらなくても部屋がきれいになるのです。

ふだんの「ついで、ながら」の習慣が身につけば、長い人生でずいぶん家事時間の短縮になるはず。

そして、週に一度くらいは目的を決めて手を動かすのです。

キッチンの床を拭いたり、ドアの手垢、換気扇の汚れとり、生花の水替え、あなたのスケジュールに従ってあくまでも〝ワン・ポイント〟一箇所集中に絞ります。

料理と片付けは同時進行

何事もすぐその場で説明し、処理することが人間関係にも大切なことです。クレームは長引くほど簡単なことが複雑になり、まるでもつれた糸のように解《ほど》けなくなってしまうからです。

汚れや片付けも同じです。場所もモノも使ったときが手入れどきなのですから。片付けを先に延ばせばその分汚れが複雑になり取れなくなります。料理と掃除がワンセットなら片付けも手早くカンタンです。

野菜を刻んだり調理したときに、使った器具や調理台はきれいに拭いておきます。もちろん調理中の煮こぼれもそのままにせず、すぐ拭いておきます。

食後の食器は、残り物は処理し、燃えるゴミ燃えないゴミに分けて処理しておきます。レストランのように家庭でも空いたお皿はすぐ下げるようにします。

時間がないときでも汚れた食器はとりあえずまとめ、食器洗い機に入れるか流しに避難させておきます。もちろん、あらかじめ汚れを水やお湯でさっと流しておくのを忘れないように。これだけであとの処理がずいぶん楽になります。

毎日の家事にどう向き合うかによってあなたの人生は貧しくも豊かにもなります。

あせらないでゆったりと、できる場所からやれることからこまめに丁寧にやることが大切なのです。

「料理」も「掃除」も他人の目線を心がける

掃除のプロは、必ず他人の目で「きれいになったかどうか」をチェックします。

好きな人も嫌いな人も、ほとんどの家事は他人目線を心がけることが上手になる「達人」への近道です。

「きれい」とか「美しい」という言葉は、自分以外の人に言ってもらって初めて価値があるものに変わります。

掃除も料理も人に「きれいになった」とか「美味しい」と褒められることを心がけるようにします。

私は、一日一回必ず我が家を外から眺めることにしています。

他人の目で我が家がどのように見えるかをチェックするのです。窓辺の花は枯れていないだろうか、ゴミは落ちていないかなど、外出や帰宅の際のチョットした機会を利用します。窓やキッチンをピカピカに磨いても、美味しい料理を作っても、それだけが目的では心が幸せにならないのです。人に見せたり味わってもらって感動してもらえば次にやる気が起こります。人間は、人に褒められて初めて「がんばろう」と奮い立つ動物なのです。

キッチンで自分の動作をチェック

自分の家事がどうしてもメリハリが利かず効率的でなく時間ばかりかかってしまう、などと悩んでいる人にお勧めなのが、〝キッチン行動チェック〟。

キッチンでの無駄な動きの発見と改善は、すべての家事の再生に通じるのです。

何度も同じ動作を繰り返したり、無駄な動きをしたり、冷蔵庫を何度も開けたり、調理の手順が逆だったり。ふだん気がつかないあなたの性格を発見し、改める機会になります。

私のキッチン動作

❶ 朝、キッチンに立つと、窓を開け、換気扇を回し、お湯を沸かしながら、調理台とテーブルを拭きます。

❷ 調理のたび、余熱のあるうちにレンジ台まわりの汚れやケトルなどの調理器具はぬれたタオルで拭きます。ふきこぼれはすぐ拭きます。

❸ レンジ台まわりの油汚れや流し台のゴミ籠は、ニオイの原因になるので使うたびにきれいにします。

❹ オーブンやグリルで肉や魚を焼くときはアルミ箔を敷きます。手入れがラクになります。

❺ フライパン料理の後は、油が飛んでいるので1メートル四方を拭きます。

❻ シンクや蛇口の水滴は使うたびにから拭きします。水アカ防止とキッチンが倍以上にきれいに見えるから。

❼ 床はレンジ台を中心に一日一回は水拭きします。

❽ 冷蔵庫の開閉時に一日一回を目安に扉を拭きます。庫内は食品の出し入れ時に汚れたらすぐ拭いておきます。
❾ 換気扇は、調理の後15分以上回して調理臭を開放します。
❿ 外出前は必ず冷蔵庫の在庫チェックをします。

昔の掃除の知恵を学ぶ

私がかつて住んでいたドイツにも昔から伝わるおばあちゃんの知恵がありました。帰国してから私はドイツ滞在中に聞き取りしたそれらを集めて本を書きました。そのほとんどは日本のおばあちゃんの知恵にもよく似ていると読者の共感を呼び、30万部以上のベストセラーになってしまいました。

特に掃除の方法は、ドイツも日本も今でも十分通用する合理的な知恵がいっぱいです。テレビの人気バラエティ番組の「金スマ」のコーナー「突撃あなたの頑固汚れ！」でも紹介し、思いもかけず「沖マジック」として話題を呼び、シリーズ化されるようになりました。

窓ガラスの掃除の知恵

❶新聞紙を使って窓ガラスを磨く

新聞のコラムに「新聞紙で窓ガラスを磨く」方法を紹介したら、全国のたくさんの読者の方々からお便りをいただきました。

実際に新聞紙を使ってやってビックリするほどきれいになった、というものも多かったのですが、学校の窓ガラスを新聞紙で磨いていたという子供の昔をなつかしく思い出したという方も多かったのです。

私も小学校の頃、校舎の床を拭いたり、窓ガラスを磨いたりしたものです。ぞうきんの絞り方など先生に教えられたなつかしい思い出。掃除を子供にさせないで、という大人も多い昨今、今の子供たちに必要なのは皆で汗を流しながら学校の掃除をしたという思い出ではないでしょうか。

窓ガラスの磨き方は、窓ガラスの汚れをぬれたタオルで拭いた後、表面に水分が残っているうちに、古い新聞紙（2週間以内のものが適当）二分の一をわしづかみにし両手で「クルクル」と軽く磨きます。吸水性に優れた新聞紙が水分に溶けた汚れを吸収し、同時にインクが窓ガラスの表面に皮膜を作り、ワックス効果で汚れがつきにくくなるのです。

❷雨上がりの翌日が窓ガラス磨きタイム

窓ガラス磨きは掃除の中でも体力がいる作業です。

少しでもラクに掃除をするためには、汚れが緩んでいるときがベスト。雨上がりの翌日の午前中なら空気中の湿気が汚れを浮き立たせてくれます。

逆に晴れた日が続いた午後の窓ガラスは汚れが乾いて取れにくく体力が何倍もかかります。

私は、雨上がりの翌朝、いつもより少し早く起きて窓ガラスを磨きます。

昔からの生活の知恵は身体にも心にも爽快感がいっぱいです。

❸窓ガラスの表裏の磨き方を替える

掃除好きな母に教えられた窓ガラスの磨き方が、ドイツでも同じだったことにビックリし、感動したことがあります。

窓ガラスを磨いたり拭いたりするときは糸くずが出ないように折ったタオルの中をぬらし、拭き方は窓ガラスの表を横に、裏側を縦に拭きます。

こうすれば拭き残しがひと目でわかります。

❹頑固な隅の汚れには塩

今でもドイツでは掃除に塩を使う習慣が残っていますが、昔の日本人も掃除に塩をよく使いました。

塩は除菌作用や吸水性、さらに研磨力があり、とても便利な自然の洗剤です。

こびりついた四隅の汚れは割り箸にぬれたタオルを巻きつけ少量の塩を使ってこすればラクに取れます。

❺ワッペンやセロテープはヘアドライヤーの熱風で

ガラスの表面についたワッペンやシールは接着剤を熱風で緩ませてからはがせばカンタンです。残った接着剤の跡はぬれたタオルでこするときれいになります。

❻ペイントされた木の窓枠は冷めた紅茶で拭く

ペイントを塗った美しい木枠にあこがれ、我が家の窓枠は木にペイントを塗ってもらいました。最初はつやもありきれいですが、雨風にさらされると少し色あせて見えるようになってきます。私は、木の家具同様冷めた紅茶を薄めた液でタオルを固く絞ったもので拭きます。

ペイントされた木枠は石鹸や水に弱いので、むしろ紅茶がピッタリです。

使い残したティーバッグを利用すると無駄なく物を使い切った気がします。

床の掃除の知恵

❶野菜のゆで汁で木の床を拭く

現代はフローリングと呼ばれている木の床。自然素材で健康のためにも心地いいものですが、日本の昔の家も廊下や食事をする場所などが板の間と呼ばれる木の床でした。

ほうれん草やジャガイモのゆで汁で拭くと汚れも取れピカピカに。

他にも食材の残り物で床を拭く日本のおばあちゃんの暮らしの知恵はあります。

・米のとぎ汁
お米をといだときの白い汁には汚れを取って床に皮膜を作ってくれる成分があります。ニオイもなく二度拭きもいりません。

今のように床用洗剤がなかった頃は貴重なエコ洗剤でした。

・茶がら
捨てる前の出しがらのお茶の葉をもう一度煮だし、冷めてから拭きます。

・おから
母はお豆腐屋さんで手に入れたおからを布袋に入れ、床を磨くのに使っていました。子供の頃の我が家の床はどこのお宅にも負けないくらいピカピカ。子供心に誇らしく思ったものです。

日本の昔はおからが捨てるほどありカンタンに手に入りましたが、今ではおからを店先で見つけるのも難しくなりました。期限切れの豆乳で拭いてもきれいになります。

❷カーペットに塩

ドイツのおばあちゃんの知恵にも塩でカーペットの汚れを取る方法があります。塩は汚れを吸い取ってくれるので、カーペットに塩を撒いて掃除機で吸い取ればさっぱりします。

❸古い汚れにレモン

いつのまについたかわからない正体不明のカーペットの汚れは、輪切りのレモンでこすってみましょう。ぬるま湯で絞ったタオルでかるくたたいてからレモンでこすります。漂白効果のあるレモンはシミを薄くして目立たなくしてくれます。

❹畳を抹茶でリフレッシュ

畳が黄ばんできたら、お天気の良い日を選んで次のような方法を試してみましょう。

・抹茶

抹茶を溶かしたぬるま湯で固く絞ったタオルで拭きます。少しは畳の青さが戻ってきます。畳のイグサは水分を嫌いますので必ず手早く、仕上げはから拭きをします。

・お酢

水1リットルに大さじ1のお酢で固く絞ったタオルで畳を拭きます。直射日光を避け、風通しを十分にして乾かします。

台所の掃除の知恵

❶換気扇の油汚れは小麦粉

料理などで残った小麦粉は捨てずに油汚れ落としに使います。

油でベトベトした換気扇を新聞紙の上に置き（シンクの中で作業をすると簡単）、ぬるま湯をかけその上にまんべんなく小麦粉をふりかけます。

30分くらいおくと小麦粉が油汚れを吸い取ってくれるので、古いタオルでこするように拭きます。小麦粉と一緒に油汚れがきれいに取れます。

❷排水口のヌメリはアルミ箔

流しの排水口は料理のたびに洗っておくのが理想です。そのまま放置すれば二日でヌルヌルの汚れがつき、悪臭の原因になります。

ヌメリを少しでも防ぐ方法は、アルミ箔を丸めて排水口のステンレスの編み籠に入れておくことです。アルミは水分がつくと金属イオンを発生し、抗菌作用を起こして汚れのヌメリから守ってくれるのです。

❸水道の蛇口は歯磨き粉

捨てる間際の歯磨き粉を乾いたタオルにつけ蛇口を磨きます。あとはから拭きをして仕上げます。

家中の金属や鏡の〝光り物〟はこの方法がベスト。

蛇口や鏡、金属の取っ手などの〝光り物〟がいつもきらきらと輝くと部屋がきれいに見えます。

❹食器棚や冷蔵庫内のニオイは番茶

食器棚の中は家具の素材と食器のニオイが混じってニオイがこもる場所。深めの器に残りの番茶をフライパンで炒《い》ったものを入れて隅に置くとニオイを吸収してくれます。冷蔵庫内も同じ方法で。

❺ポットに角砂糖

お湯を入れるポットを長期間しまうとき、中に角砂糖を1個入れておくと湿気とニオイを防げます。角砂糖はニオイを湿気ごと吸収する働きがあり、こもったニオイを消してくれるのです。この知恵はドイツにもあって、砂糖は食パン入れにもさらにはかばんをしまうときも応用できます。

❻玄関のニオイにはどくだみの花

6月の梅雨時期になると咲き始めるどくだみの白い花。繁殖力が強く、野山や都会の草むらでも見かけます。どくだみの花を見つけたら切り花にし、水の入った小さなガラスの入れ物に入れ、玄関やトイレに飾っておけばいやなニオイを取ってくれます。

どくだみは、日本では昔から魚のニオイ消しに利用したそうです。

❼オーブンのニオイはみかんの皮

日本の家庭のオーブン料理は、欧米から入ってきた調理法です。

オーブンは高温料理には便利ですが、熱いうちにきれいに掃除をしないと時間が経つにつれとても厄介な汚れとなります。

余熱が残っているうちに拭いたり磨いたりしてきれいにしたあと、みかんやオレンジの皮を入れ、少し焦げ目がつくくらいに焼きます。

オーブン庫内のニオイも取れ、台所中にかんきつ系のいい香りが広がってアロマ効果大です。

❽ステンレスのシンクの掃除

ステンレス製のシンクも欧米から日本の台所に入ってきました。

ステンレスは水や酸、塩分をとても嫌い、固いもので磨くとすぐ傷がつきます。

だからドイツでは水滴がステンレスに残らないように気をつけるのは手入れの常識です。

水仕事をしたら必ず水滴は乾いたタオルで拭く。水アカがつきにくく、磨く掃除がいらなくなります。

ステンレス素材は、漂白剤を使ったり固いブラシで磨くとすぐ傷がつくのでいつも拭くだけで済ますのが理想です。

・くすみを取るには

ときどき料理で余った小麦粉か台所用中性洗剤をタオルにつけて磨きます。こうすれば傷がつかずにきれいになります。

・サビ

古くなったステンレス製のシンクにはサビがついてきます。

トマトケチャップをタオルにつけて磨くと取れます。

大根や人参、きゅうりなどの野菜の切れ端で磨き、水でさっと洗い流したあと、タオルにオリーブ油を少量つけて磨くように拭きます。

鏡のような光沢が甦ります。

その他の場所

❶黄ばんだ障子に大根おろし

年末の大掃除は日本の伝統的生活行事でした。神棚のすす払いと同時に障子の張り替えもメニューの一つですが、最近では障子があるお宅も少なくなりました。

障子は、日本の気候風土に合わせて昔の日本人が考えついた住まいの知恵。

障子が黄ばんできたら、おろし大根の搾《しぼ》り汁を霧吹きでスプレーします。障子の白さが戻ります。

❷引き戸のすべりが悪くなったらたまごの殻

雨戸や障子などの引き戸のすべりをよくするために、使ったたまごの殻を湿ったタオルに包んで上から木の棒でたたきます。これで引き戸のレールと溝を拭くと変色も起こさず、すべりが良くなります。

❸壁の汚れは消しゴム

消しゴムは布から漆喰《しっくい》までどんな壁の素材にも使えて便利です。テレビでも紹介し、好評でしたが、この方法は日独共通のおばあちゃんの知恵です。

壁が黒ずんできたら消しゴムで、円を描くように汚れの中心から外に向けて放射状に軽くこすります。

❹蚊取り線香の灰で金属製品のサビ取り

夏の日本の風物詩。すだれとうちわのそばには必ず蚊を退治する蚊取り線香。燃えつきてできた灰は、タオルにつけて金属のドアノブや家具の取っ手を磨くのに使います。灰は粒子が細かいので傷をつけない磨き粉として最適です。

〝最後の灰〟まで使い切る気持ちを大切に。

❺革製の靴や家具はバナナの皮

汚れ取りに水を使えない革製の家具やスニーカーの汚れは、バナナの皮を使います。バナナの皮の裏側で拭き、あとはから拭きで仕上げます。汚れも取れ、ツヤが出てきます。

❻木の家具や床のツヤ出しにみかんの皮の煮汁

はだしで歩く木の床の掃除は、水拭きの後、みかんの皮の煮汁を使えば汚れも取れ、ピカピカになります。

❼白木の家具に豆乳

昔はおからを入れた布袋で磨きましたが、今は豆乳を使えばカンタンです。きれいなタオルを豆乳で固く絞って磨くように拭きます。

おから同様、豆乳に含まれるたんぱく質や脂肪分が白木にツヤを出してくれます。

❽玄関のたたきのホコリはぬれた新聞紙

昔は、畳の掃き掃除は、出がらしの茶がらやぬらした新聞紙を撒き、ほうきで掃きました。水分を含んだ茶がらや新聞紙がホコリを吸い取ってくれるので、ホコリが立たずに掃除ができたのです。今の住宅は機密性が高いので換気を十分にしないとカビの原因になります。

マンションなどのコンクリート製の玄関のたたきにはぬれた新聞紙を使うと便利。狭くて換気の悪い玄関のたたきの掃除のコツは、いかにホコリを立てないで汚れを取るかです。ぬれた新聞紙がホコリを吸い取りながらゴミも取ってくれます。

昔から、玄関が汚れたり乱れたりしているとその家に悪いことが起こるとも言われます。要は、「きれいな玄関はその家の暮らしの品格をあらわす」ということなのです。

玄関をいつもきれいにしておくことはその家の品格です。

❾部屋のニオイは茶がらやお酢

どんなに部屋を飾り立てても、ニオイが気になればなんとなく品のない部屋に見えます。

ニオイをなくすためには掃除をしっかりし汚れを追放すること、換気を十分にすることも大切です。

掃除のあと、私はどうしても気に入って捨てられない取っ手の取れたコーヒーカップにお酢を入れ、インテリアも兼ね部屋の隅に置きます。

お酢が蒸発するとともに〝ニオイもさよなら〟です。

第3章 品格のある美しい暮らし

無理のないアンチエイジング

最近の日本人は美容や健康志向ばやりで、美しいもの・身体にいいものを求めて右往左往しているような気がします。

バランスのよい食事をし、昼間は心身を健康に使い、夜は睡眠を十分にとることが元気で美しい暮らしの基本です。

どんな人にも必ず「老い」は訪れます。

先日テレビに昔のアイドルスターが昔のままの格好としゃべり方で現れたのには目を覆いたくなりました。60歳の顔にはシワ一つなく無理に人工的に引っ張っていることがわかる〝美型〟。いわゆる顔にも物腰にも〝年相応のシワ〟がないのです。

私は人工美より年相応の自然美にあこがれますし、見ていても飽きがきません。若者は若いなりに、お年寄りはそれなりに、分相応があるのです。

一方、有名無名にかかわらず誰が見ても魅力的な初老の人には、長年の人生経験の積み重ねがにじみ出て「顔のシワ」も気にならず思わずあこがれと共感のエールを送りたくなります。

欧米に比べ、日本人は本質的に「老い」に対応する日常の生活のセンスや知恵に疎いような気がします。老いを恐れるあまり、あるがままを受け入れられず、いきなり昔の若さに無理に戻そうとするのです。

昔の日本人は短命で「老い」を感じるまもなく死を迎えたせいかもしれません。

今や世界の先進国の中でも長寿大国日本。

これからは、毎日の生活を丁寧に自立して過ごし、訪れる「老い」をあるがまま受け入れ、上手にほどよく付き合っていく知恵をあれこれと磨くことです。

年を感じさせない魅力的な人に共通することは、年齢や姿かたちにこだわらない自分の分に合った「前向きの生き方」から生まれた〝自信〟のような気がします。

高齢化がすすむ日本。これからは「長く生きる」ことが目的ではなく、いかに「自然に美しく老いるか」を心がけることが豊かな日本人のテーマかなと思います。

水まわりはいつも清潔に

その国の暮らしの文化度をあらわすには住まいの中の水まわりが清潔できれいかどうかだといわれます。

バスルームやトイレなどの水まわりはいつも清潔に掃除が行き届いていることが大切です。時間も気力もない人のためにはいつもきれいを保つコツさえあれば大丈夫なのです。

私は洗面所もトイレもバスルームも使ったときの水しぶきはその場でさっと拭くようにしています。たったこれだけの習慣で毎日の水まわりの掃除がラクになりました。

あとは時間のある週末などに10分ほどかけて磨くだけ。

水まわりをいつもきれいにするコツは、水滴をそのままにしないこと。汚れは放置すればするほど頑固になり、取れにくく、時間も体力もかかります。

見えない汚れも水まわりを使ったときに水滴を拭くだけで、目に見える水アカや湯アカの汚れになるのを防げます。

バスルームをきれいに保つルール

バスルームの汚れは水アカ、湯アカ、皮脂、石鹼カス、カビなどです。掃除の中でも特に体力のいる場所なので、汚れをためると取れにくい分、労力もかかるようになります。

最後に使った人がお湯を落としたあと、湯気がこもっているうちにバスタブの内外や床などを拭きます。ついでに洗面器などの小物も拭いておきます。

私は自分がシャワーを浴びるついでに壁や床にお湯をかけておきます。こうすればお湯の水圧でタイルの目地の汚れや石鹼カスも取れます。

朝まで窓を開けたり、換気扇を回しておけばカビ対策も完全です。

バスタイムも〝ながら掃除〟の大切な時間です。

トイレのきれいを守るルール

日本ではつい最近までトイレのことを〝ご不浄〟と呼んでいました。今はニオイのない清潔なトイレが常識になりました。

トイレも〝ながら掃除〟、つまり〝使ったときが掃除どき〟を心がけるだけでずいぶんきれいさが違ってきます。

私が暮らしたドイツやイギリスのトイレは何も置かないのが普通でした。まるでホテルのトイレのようです。何もない分掃除も行き届き、余分なホコリや汚れもつきにくくなるのです。便器のカバーは日本くらいで、毎日洗うならいざ知らずホコリも汚れもつきやすく不潔になります。さらに余分な小物は掃除の場所も増やします。

バスタイムを快適に過ごす

一日の心と体の疲れを癒すためにはお風呂が一番。江戸時代にも銭湯がはやり、日本人のお風呂好きは歴史があります。

ます。

運動不足はお風呂で解消

私は時間があれば週に2、3回はジムで筋トレと水泳をして身体を鍛えることにしています。

高価な宝石や洋服にお金をかけるより、本を読んだり映画を見たりスポーツをしたり、自分の内面と身体をケアすることに関心があります。

高価なものはなくなってしまえばそれまでですが、身についた習慣や教養は生きている限りその人の〝宝石〟なのです。

ドイツでも教養のあるお金持ちほど古いものを大切に身体や心を鍛えることに関心がありました。

忙しくてジムに行けない日は少し長めのバスタイムを過ごします。

バスルームを暗くし、香りのろうそくをともし、たっぷりのお湯に首まで浸かって瞑想にふけると心も身体もリフレッシュできます。

運動不足はスポーツで解消するばかりではなくバスタイムもお勧めです。

湯上がりにはコップ一杯のお水を飲むことも忘れません。

ミトン型タオルで全身マッサージ

オランダのスーパーで見つけたミトン型のタオル。私は手が最高の道具だと思っていますのでこれを見つけたときはうれしくて小躍りしてしまいました。手にはめて首筋や上半身をゴシゴシマッサージするように洗います。買ったものは古くなってしまったので、今では手作りします。タオルを四分の一に切り、手が入るようにまわりを2箇所縫うだけです。

ついでながらホテルのタオルは小型のものは手拭き用。中型は顔を洗ったあと拭いたり、大きなバスタオルはシャワーを浴びたあとやお風呂上がりに身体を拭きます。古くなったバスタオルは浴室の床や壁をから拭きするのに便利です。

オレンジ1個で心も身体もぽかぽか

バスタブに温泉の素やハーブなどの入浴剤を入れるのが人気です。

きっかけはある大手の洗剤メーカーが泡の出る入浴剤を販売したところ空前の大ヒット。お風呂好きの日本人のほとんどがお風呂で疲れた心身を癒したいと思っていた潜在意識に火をつけたようです。

昔から伝わる5月の菖蒲湯もいいですが、たまにはオレンジやレモンを1個丸ごと浮かべてみるのもお勧めです。かんきつ類の香りがバスルームいっぱいに広がり贅沢な空間になります。

冬ならみかんを丸ごと5個くらいお風呂に入れると風邪予防になります。

ハーブの香りを楽しむ

欧米流ですが、手作りの布袋にラベンダーやレモングラスの乾燥したハーブを入れ、バスタブに浮かべれば〝ハーブ風呂〟。

クローゼットや引き出しの中に入れても香りを楽しめます。

身近なもので病気予防の昔の知恵

私は寝るのも忘れるくらい仕事や趣味に熱中してしまうタイプ。そんなときは意識的に身体を休めて、軌道修正をするようにしています。

ふだんから少々の熱なら、薬よりも自然にあるもので身体を調整することにしています。少し「風邪気味かな」と思えばしょうが湯に蜂蜜を入れ、短めの熱いお風呂に入り、早めに寝て十分な睡眠をとるようにします。

昔の知恵は身体への負担も少なく、自分に合う方法を見つけておくと、何かあれば早めの手当てができ安心です。

自分の身体は自分で守る、がモットーです。

風邪予防あれこれ

・「うがい」と「睡眠」

のどや口などの粘膜が乾燥すると風邪を引きやすくなります。

外出から帰ったら必ず「うがい」。そして十分な「睡眠」。

子供の昔、冬になると必ず火鉢にかけたやかんでお湯を沸かしていました。やかんのお湯の適度な湿り気がのどにも良いことを昔のおばあちゃんは知っていたのです。

今は、加湿器で部屋の湿度を保つようにすれば空気の乾燥を防げます。

・栄養のある食事
健康のための基本は、ふだんの食事でしっかりと必要な栄養をとっておくことです。

緑黄色野菜を中心に、特に風邪の予防には身体を温めてくれる脂肪、のどの粘膜を強くするビタミンA、体の抵抗力を強めるビタミンCを摂ることです。

・みかんの皮
干したみかんの皮は「陳皮」と呼ばれ漢方でも重宝されています。
みかんの皮は風邪を引きにくい体質を作るといわれます。
私はみかんの皮をよく洗い、マーマレードを作り冷凍しています。
そのまま紅茶に入れ、ロシアンティー風にすれば寒い冬の夜の飲み物としてピッタリ。
身体も温まり朝までぐっすりで体力温存でき、風邪知らずです。

・しょうが湯
「風邪かな⁉」と思えば私はしょうが湯。
しょうがをおろし、蜂蜜とレモン汁をたっぷり入れ、熱いお湯を注いで飲みます。

しょうがは、のどの炎症を抑える働きがあり、翌日には風邪っぽさが吹っ飛んでいます。

・万能薬・アロエ
アロエは便秘、咳、切り傷、やけどなどなんにでも効く万能薬です。

欧米では家庭の薬草として昔からポピュラーです。我が家でも鉢植えにしてジュースにしたりして飲んでいます。

・自家製アロエジュース
皮をむいたバナナ1本、よく洗ったアロエの生の葉を1枚、水カップ1をミキサーに入れて作ります。

便秘にとてもよく効きます。

頭痛に効くおばあちゃんの梅干シップ薬

梅干の果肉を大きめのばんそうこうに塗り、こめかみに張ります。子供の頃、近所のおばあさんのこめかみのばんそうこうを見て「おまじない」のような気がしましたが。科学的裏づけがある生活の知恵なのです。

梅干に含まれるクエン酸は血行促進の働きがあり、肩こりや頭痛、胃腸障害などに効果があるのです。

耳に入った虫は懐中電灯

子供の頃、夏休みに夜遊びをしていると耳に虫が入り、大騒ぎをしていると、そばにいた大人が手に持った懐中電灯を耳に当て虫を外に誘い出してくれました。「虫は明るい方向に誘われる」という説明を聞き、すばらしい大人の知恵に感動したものです。

耳に入った水は熱い石を当てる

海水浴に行って耳に水が入ったときも浜辺にある日に焼けた石を耳に当てると水が乾いて蒸発します。

しもやけに唐辛子

古くからのおばあちゃんの知恵ですが、足のしもやけ対策として紙に包んだ赤唐辛子を靴の中に入れておくといいそうです。

我が家の救急箱

私は半年に一度我が家の小さな救急箱の点検をします。

これは子供の頃、父母が習慣にしていたのを受け継いでいるだけですが、いざというとき便利で安心です。

ガーゼ、綿棒、ばんそうこう、はさみ、ピンセット、消毒薬、正露丸など、急な怪我や病気に備えた7点セットです。この箱と身近なものを使ったおばあちゃんの知恵で毎日が快適に過ごせます。

鏡を部屋に

人は他人に見られて初めて美しくなるそうです。いつも自分の姿を客観的に見る習慣を持つことは大切です。

私は、出かけるとき、ゲストを迎えるとき、帰宅したとき、自分の顔色や服装をチェックするために、玄関に鏡をかけています。

自分のためにもそして我が家をおとずれるゲストのためにも鏡は重宝します。

ドイツにはシュピーゲル（鏡）という名前の有名新聞もあり、なるほど、鏡は自分を映し世相を映す大切な道具なのです。

我が家の鏡は、洗面所、キッチン、居間、そして寝室にあります。

ふだんの手入れは、ホコリを払ってから拭きをするだけです。浴室などのお湯を使う付近の鏡は、タオルに石鹸をつけて拭くと曇り止めになります。

鏡は人間だけでなく部屋も客観的に映しますので、部屋の〝きれい度〟もチェックできます。

毎日の髪の手入れ

私は毎日髪を洗うので、シャンプーは少量しか使いません。

モノを大切にする心、環境のためには少しは役に立っているかなと思っています。

毎日のどんな些細なことでも暮らしのルールをきちんと守る。こんな生活をみんなが心がければ、あえて〝節約〟と叫ばなくても世界は正常に回っていくのです。

仕上げは愛用のブラシでしっかりと地肌のマッサージも兼ねてブラッシングします。

朝起きたら大きな背伸びをする

私は、毎朝起きたら窓を開け、両手を上げて大きく背伸びをします。

深呼吸をして体内の酸素を入れ替えるのです。ヨガ流に言えば新しいエネルギーを体内に呼び戻すのです。

今日も一日いい日にしよう。自己暗示をかけるのです。

私の大切な一日の始まりですから、心から元気を出してがんばれるように自分を励まします。

いつでもどこでもできる私の健康ルール

自分なりの健康法を持つことはとても大切なことです。

多くの健康で長寿の方から学んだ私の健康ルールは、

❶ 身体をできるだけ動かすこと
❷ 毎日お風呂に入る
❸ 水を一日1リットル飲む
❹ 毎朝野菜と果物を摂る
❺ 二日に一回はチョコレートを飲んだり食べたりする
❻ バランスのよい食生活をする
❼ くよくよしない 一日の苦労は一日で足る精神
❽ よく笑う

洗顔のルール

私は、朝は水だけで顔を洗います。ダイナミックに両手でたたくように洗うようにしています。少々の眠気もどこかに飛んでいきますし、肌にも張りが出ます。

タオルで水分を拭いたあとたっぷりの化粧水を首筋やデコルテそして両手にもつけます。

洗面台に飛び散った水しぶきは専用の乾いたタオルで拭いておきます。

こうすれば水アカ、湯アカから解放され、洗面所の掃除に時間を費やさなくても、いつもきれいに過ごせます。

顔も洗面所もきれいにして初めて自分が光り輝く気がします。

石鹸はオーデコロン代わり

私は昔から固形石鹸が好きです。細かい泡立ちの感触がいいのと好みの香りを選べるからです。好みの石鹸を集め、時々気分や気候によって使い分けています。

出かけるときや人に会うときはバラなどのフローラル系の香りのする石鹸で肘《ひじ》までしっかり洗います。

帰宅したときは自分と部屋のために、くつろげるラベンダーや好きなかんきつ系の香りの石鹸を選びます。

私は、下駄箱、クローゼット、引き出しに包装されたままの石鹸を入れルームコロンとしても使っています。引き出しを開けたりすると石鹸のほのかな香りが漂いアロマ効果もあります。

スポーツは他人と競わない

身体を動かすことは子供の頃から大好きです。

テニスもゴルフも水泳も山歩きも散歩も。

もちろん、スポーツを全身で観戦することも好きです。

私のモットーは他人と競わないこと、うまくいかなくても自分を責めないこと、そこそこできて相手に迷惑をかけないこと。だから長続きするのかもしれませんが、すべて「マイペース」です。私の素人スポーツはいつもヘタの横好きの域を出ません。ただ、これが一番自分にとって心地いいスタイルなのです。

トランク一個でいつでも旅へ

ドイツ人同様日本人も旅行好きだそうです。

私の知り合いのドイツ人の多くは、観光旅行というよりむしろ一箇所に何日も滞在してのんびり過ごすリゾート型。日本人のように短期間に何箇所も見て歩くことはしません。それに荷物の少ないこと。トランク一つでどこへでも出かける欧米人を見ていると各地の土産で膨らんだ何個ものトランクで汗する日本人のエネルギーに感心してしまいます。旅なれた人こそ荷物は少なめ。旅に人生をかけた芭蕉の時代もきっと軽装だった気がします。

お土産を数個のトランクに詰めるより、旅の想い出を身体に詰めることのほうが大切な気がします。

ゲーテの言うように「人は自分の持っているものしか旅から持ち帰れない」ならなおさらです。

自分のために手間をかけ美味しい料理を作る

忙しい毎日を過ごすからこそ、少しでも自分のために何かを手作りすることは必要な気がします。私は自分のために美味しい料理を作ることが息抜きになります。

めんどうで時間がかかっても昆布やかつお節でじっくりと出汁《だし》をとった煮物。生活に困れば「おでんや」を開いて食べていこうと思い続け20年以上経ちました。

少しずつですが自分のために何かをやっているうちにそれが身につくこともあるのです。

休日の雨が降る午後は、クッキーを焼いたり、手打ちうどんを作ったりします。

一人で夢中になって打ち込める家事、暮らしのひと工夫を楽しむ家事、手作りを楽しむ家事。いずれも自分のためにゆっくりと時間をかけていたわるようにする家事は私の心を豊かにしてくれます。

心に〝ホリデイ〟をあげる

私は映画鑑賞が趣味。先日も〝ホリデイ〟という映画を見ましたが、仕事に疲れた主人公が休暇をとって旅に出て新しい出会いを得るというさわやかなストーリーでした。

どんな人も毎日の仕事や人間関係でのストレスを抱えて生活をしています。そんなときできるだけ非日常的な環境に自分を置くと心も身体もリフレッシュします。

本当の休暇は無理でも、私はときどき自分に短い〝ホリデイ〟をあげることにしています。

「今日は休んでよろしい」と自分に命令します。

音楽を聴いたり、いつもと違う方向へランチを食べに出かけたり、ドンキーの垂れ耳の掃除をしたり、フルートを磨いたり、編みかけのレースのモチーフを引っ張り出して続きを編んでみたり。人それぞれやることは違っても、気分のおもむくまま、ふだんできない〝遊び〟は探せばいくらでも出てきます。それに、映画のような心ときめく〝出会い〟が待っているかもしれません。

スローな生活に関心を

最近、相次いで〝スローライフ〟の講演やパネルディスカッションに招かれました。

別にその分野の専門家でもないのですが、気がつくと〝スローライフ〟流は私の暮らしの中にはいっぱいありました。

ファーストフードも食べますが時間があれば手作りのフードでゆったりとした時間を過ごすほうが性に合っている気がします。「ゆったり」「ゆっくり」と、いつも言い聞かせているし、数えれば〝スロー〟な暮らしを私は心がけていたのです。

仕事も家事もスピードが要求される世の中だからこそ、たまには「スローに暮らす」ことを意識する習慣を持とうと思っています。

・ゆったりとお茶を「味わい」ながら飲む時間をつくる。
・地球規模の自然を意識する。
・日本の田舎に関心を持つ。
・海や山など非日常の環境に出かけてみる。
・手を動かして何かを作る（私の場合、編み物や料理、水彩画）。
・どんなものも大切にする心を持つ。
・古寺めぐりをしてみる（木で心が落ち着く）。
・いかに美しく年を重ねるかを考える。

第4章　美人の住まい方

シンプルな暮らしは「快適」が一番

伝統的な日本の家屋は四季の自然と同化して作られています。日本の家は庭や自然に向かって広い開放口を作ったり、障子やふすまを開け放せばいつでも外との一体感が持て、自然の風と光がそのまま家の中で楽しめるのです。

昔の日本人は自然をそのまま取り入れることができる家が最高に心地よいと考えたのでしょう。

新建材に囲まれた今の住まいからするとうらやましいくらいシンプルで快適な住まい方の知恵を持っていたのです。

モノにあふれた今の時代、昔のように質素に暮らすことはストレスもたまります。かといっても、モノをあれこれ買い揃えて並べ立てることでもありません。

快適な生活は、暮らし方、住まい方の工夫、センスなのです。

服装に色彩センスがあるように住まいにもセンスが必要です。

昔の家のように木と紙と土ででき、色も木の色、障子や壁土のように白と決まればシンプルで簡単ですが、欧米化した今の家は、カーテンや家具、床や壁紙の色を考えて選ぶことも必要です。

壁には少しグレーを混ぜた白を使うと奥行きが出て部屋が広く見えるのです。ペンキには少しグレーを混ぜると落ち着いた感じになり、シックな住まいを演出することができます。

たまには外から我が家を見る

私は毎日出かけるときや帰宅したとき外から我が家を眺めることが習慣です。

家の周りにゴミが落ちていないかどうか、窓ガラスがきれいか、鉢植えの木の様子、そして、家に入るときは必ず白いドアが汚れていないかどうかなどをチェックするのです。小さなつつましい家でもきちんと手入れが行き届いた住まいは、そこに住む人の人生をあらわしているような気がします。住まいも人間同様、見る位置からの心配りや配慮も必要なのです。

毎朝必ず窓を開ける

部屋の空気はそこに住む人の健康や気分を左右します。

昔の木の家はすき間があり自然換気をしてくれるので、日本人には部屋の新鮮な空気を意識的に取り入れる習慣は少ないような気がします。

今は換気が自然にできる家もあって便利ですが、部屋の空気には気を配りたいものです。

部屋に空気の流れがないと、汚れた部屋の空気が重なり部屋全体がうす汚く見えてきます。もちろん汚れた空気は身体にも良くありません。

私は毎朝起きてすぐ窓を開けます。天気ならば長時間、雨の日は短時間、空気を入れ替えます。

風が通る家に暮らしたいというのが私の理想です。都会の生活では難しいかもしれませんが、少しでも自然の風を迎える暮らしを心がけたいと思うのです。

都会の緑と空気が少しでも新鮮になることを願いながら。

天井が高い家を選ぶ

私は海外も含めて十回以上引越しをしました。いろいろな家に住んだ経験から、家探しでいつもこだわるのは、「天井が高いこと」。

天井が低くて広い部屋よりも、狭くても天井が一ミリでも高いほうが開放感があります。

今の我が家は都心に建てた三階建てなので少しでも広く見せるために階段部分だけでも吹き抜けにしてもらいました。

天窓から移りゆく季節の空を見上げるとまるで鳥になったような気分です。

花のある暮らし

子供の昔、母は近所のおばさんと毎日の決まった時間（午前中）に八百屋さんに出かけました。そして一週間に一度花屋さんにも寄っていました。

その頃は今のようなモダンな花屋さんではなく、店先の土間にバケツがあり数種類の花を無造作に投げ込んであるだけの簡素なスタイルでした。選んだ花を新聞紙でくるんでもらい大事そうに腕に抱えた母に私は学校帰りによく出会いました。そのときの、母の顔はとても明るく輝いていたのを覚えています。

花好きな母にとって、家の床の間と玄関に活けることが単調な子育て中の家事の中でのせめてもの心の贅沢だったのかもしれません。

その頃の母の年代をはるか超えた今、やっとわかるような気がします。

花に囲まれた子供時代の影響でしょうか、私はどんなに忙しくても我が家の定位置に置いた花瓶に生花を絶やさないようにしています。

花の種類は「定番」のカサブランカと決めています。日持ちがしますし、ルームコロンにもなって一石二鳥です。

定番の花を定位置に決めておけば私以外の人でも迷うことなく花の交換ができ、いつも生花が楽しめます。

切り花をいつまでも美しく

ちょっとした知恵で生花はできるだけ長く美しく保つことができます。

昔のおばあちゃんの知恵には今でも重宝する方法がありますので知っていると便利です。

❶十円玉を入れておく

十円玉の銅イオンが水の雑菌を防いで傷みを遅らせます。

❷花の茎は水の中で切る

茎から空気が入らないようにすると、水を吸い上げる力が増します。

❸バラには甘い炭酸水

ドイツではバラを活けた花瓶の水に甘い炭酸水を入れると水もバラの花も長持ちす

るといわれます。

❹切り口をマッチの火であぶる

母は生花の切り口をマッチの炎でさっとあぶっていました。これは切り口についた雑菌を消毒し、水の通りをよくします。

米のとぎ汁は自然肥料

私は米のとぎ汁を捨てないで鉢植えの根元に注いで肥料にします。

おかげで12年になるレモンの鉢植えは毎年春になると香りの良い白い花を咲かせてくれます。そのほか、茶がらも立派な天然肥料になります。

庭いじりの前に石鹼を爪でひとかき

ガーデニングで土いじりをすると手袋をしていても爪の間が汚くなります。そんなとき爪で石鹼で引っかいておくとあとの手入れがラクになります。この知恵は土いじりの好きな父から教わった子供の頃からの習慣です。

ホテルのように定番、定量、定位置

私は住まいを快適にする心がけとして自分に課しているテーマがあります。それは〝ホテルのような住まい〟。

しかし、我が家の現実はいつのまにか増えていくモノに慣れ親しみ、何もないホテルのような暮らしになると無機質で味気ない生活になりそうなので、〝ような〟生活を心がけることが大切だと思っています。つまり、シンプルな生活の中に自分らしさを加えていくことが理想です。

ホテルには今使うものしか置いていません。決まったものの種類と数、材質が決まった場所に置いてあります。

つまり、定番、定量、定位置。

バスタオルも石鹸もシャンプーも決められた銘柄や材質が決められた数量、決められた場所に置いてあります。汚れたり少なくなればきれいにしたり足したりすればいいのです。ホテルの生活こそ究極のシンプルライフなのです。

私は、自分自身の暮らしを大切にしながらホテルの〝ような〟住まいを実現するように心がけています。

今使うもの、気に入ったものに囲まれる習慣を持つこと、自分の部屋の収納能力を考え、それを超えないようにする。

もちろん、モノの定位置を決め、新聞や本、道具などは使ったら必ず元に戻すことを〝手〟で覚えることにしています。

照明の工夫

部屋の中は、余分な人工的な明かりは少ないほうが落ち着きます。

省エネのためにも、部屋全体を事務所のように煌々《こうこう》と照らすよりも部分照明のほうが安らぎます。我が家は作業の必要なキッチンなどは蛍光灯の明るいもの、落ち着きたい居間や寝室にはランプの淡い光を中心にしています。

ランプの白熱灯の部分照明は、光と影を生み出し、部屋のインテリアをさらに高級に見せてくれます。

私の経験からドイツ人ほど照明のセンスに優れている民族は少ないのではないかと思います。森の中で狩猟を主な生活の糧としてきたゲルマン民族のランプやろうそくを使った部屋の照明センスは筋金が入っています。昼間でも暗めの部屋から外の緑や景色を効果的に見せる明かりの使い方は見事です。

ドイツのマルクトで買った数百円の置物。我が家の居間のランプの下では高級なアンティークに見事に変身しています。

快適な床のルール

部屋を広く見せるコツ。それはなんといっても床にモノを置かないことです。畳の部屋がたとえ四畳半でも広く見え、何人もの家族が食べて寝ることができるのは床にモノがなく、散乱していないからです。

床にモノがなければ掃除もしやすく、部屋の中を歩き回っても安全です。

ドイツでは床にモノを置かない家は「お金がたまる」といいます。床に余分なものがなければつまずいて怪我もしないし、部屋もいつも清潔で広々と感じ、ストレスもたまらず心が豊かに暮らせるから「余分な出費がない」せいかもしれません。

木の床は定期的にワックスをかける

木の床が気持ちいいという人が増えました。素足で歩く木の床は健康にもいいといわれています。ただ、木の床は、ホコリが目立つので掃除はこまめにしなくてはなりません。私は掃除に関してはプロなので「掃除が大変、どうしたら」という質問には「急ぐときは部屋の隅や出入り口だけに掃除機をかけて」とアドバイスします。

さらに、掃除をラクにするためにも三ヶ月に一回、水性のワックスをかけておけばあとは汚れた部分を拭いたり掃除機をかけるだけで十分です。

じゅうたんは部分敷きが基本

せっかくの木の床にカーペットを敷き詰めている家があります。

ホコリが目立たないからと安物のカーペットを敷いてホコリを部屋にため込むより、手入れは少しかかりますが清潔な木の床のほうが健康的だし、見た目もシンプルで高級感があります。

我が家は暖かさを演出するために、ドイツから持ち帰ったじゅうたんをドイツ式に部分的に使っています。

椅子の前や出入り口、テーブルの下などにインテリアを兼ねて置いています。移動が簡単なので掃除のあとは干したり、置く場所を変えれば気分転換にもなります。

カーペットは汚れたらすぐきれいにする

床に敷くじゅうたんやカーペットは、冬は暖かく、防音にもなります。

ただ、ふだんの手入れを怠るとホコリや汚れがたまり健康にもよくありません。

カンタンな手入れ法は、こまめに掃除機をかけ、汚したらすぐきれいにしておくことです。古くなった汚れは取れにくく、じゅうたんやカーペットの毛先を傷める原因になります。

こまめに手入れし、きれいに使うことは物を大切にいつまでも長く使えることにもつながります。

少しでも掃除の箇所を減らすためにも、じゅうたんは敷き詰めるより部分的に置いて使ったほうがラクで便利です。

いつでも外に出してホコリを払えるのでいつも清潔に過ごせます。

修理や補修はできるだけ早く

汚れたらすぐきれいにする習慣同様、壊れたり修理が必要なものはなるべく早く処理する習慣を持つことは大切です。

私は自分でできる修理や修繕は、その〝猶予〟期間を一週間以内と決めています。洋服やシャツのボタン付けはその日のうちに、電球の交換はその場でといったふうに私流のルールを決めています。

専門家の手が必要な家の修理はその日のうちに連絡して日程を調整し、一日でも早く解決できるように手配します。

シンプルに暮らすためには住まいの快適さも大切なことで小さな未処理の家事も積もれば複雑になり毎日の生活に不快感が押し寄せます。

どんな家事もその場で処理すれば毎日が快適ですし、次に同じものを使うとき修理が完了していればイライラせずにすみます。

好きなものは一つずつ買い揃える習慣を

お金さえ出せばどんなモノも手に入る時代だからこそ、モノについては慎重に考えて買うくらいの覚悟が必要です。

私は好きなスプーンも椅子も一つずつ揃えることにしています。個数を決めておけばいつでも好きなときにやめられますし、一つひとつに愛着がわきモノを大切にするような気になれるからです。

家具は衝動買いをしない

我が家にある家具はほとんどが20年以上経ったものばかりで住人同様アンティークもどきです。新しい家に移るたびに今まで持っていた古い家具を新しい部屋のインテリアに工夫し、必要な新しい家具を購入するときは必ず古い家具に合ったものを選んできました。

おかげで別々に手に入れた家具もそれなりに仲良く調和し、なじんでくれているように思います。昔、イギリスのリバティで手に入れたマホガニーの椅子は玄関の片隅に置いてブーツを履いたり新聞を読んだりするのに重宝しています。

オランダの田舎で買った四角の椅子はコーナーに納まるので帰宅時の荷物やバッグを置いたりします。寝室には日本のデパートのバーゲンでゲットした二人掛けの革のソファ。色がオレンジなので売れ残ったらしく、うれしくて小躍りしたくなるような安い値段だったのと、ちょうど寝室の窓のオレンジ色のロマンシェードに合わせて同色のソファを探していたのでラッキーでした。

我が家の家具はこのようにすべてそれなりの役割を与えられて存在しています。

狭い部屋でもマイコーナーを作る

狭くても広くても、どんな住まい方をするかはその人の人生哲学があらわれます。

居心地のいい空間はお金がなくてもアイデアとその気さえあればできるのです。

私はどんな部屋に住んでも必ず自分のコーナーを作りました。狭いマンション暮らしのときはキッチンの片隅やベランダにも小さなテーブルと椅子を置いて書き物をしたり手作業をしたりするのです。ベランダの小さなテーブルでお茶を飲みながら遠くを眺めるとどこかのリゾートホテルで過ごした気分にもなります。

自分にとって今の住まいが快適な空間に変身するかどうかは自分自身の暮らし方にかかっているのです。

自分のスペースに持つモノの数を合わせる

新しく家を持つ人は必ず収納スペースが広いほうがいいといいます。ところがほとんどの人は一年経つと「これでは狭い」と感じるようになるそうです。これは、収納スペースに所有するものの数を合わせないからです。

このルールをしっかり守れないと、いくらでもモノがあふれることになります。

いったん手に入れたものはよほどの英断がない限りなかなか手放したり捨てることができないと自覚することも大切です。

モノを買うときは、「今必要かどうか」「どこに置くか」「代わりにどれを処分するか」をよく考えることです。

自分の持っている収納場所のスペースに入るものの量や数は決まっていることを自覚することです。

少ないものを丁寧にトコトン使う

人間は持ち物が少ないほうが工夫の知恵が生まれるそうです。

確かに便利なモノにあふれるとそれらに頼って考えないまま暮らしが回転します。逆にモノがない生活は少ない持ち駒でどうして工夫を凝らすかに頭や知恵が回ります。そして何度も使い古したものは手入れが行き届き、手になじみ愛着も出ます。モノが少ない分管理が行き届き、いつも最高の状態で保つことができるので長持ちします。

また、限られた少ないものを何通りにも使いこなす知恵を発見する楽しみもあるのです。

定量、定番、定位置

定量のルール

モノの数にスペースを合わせるのではなく、スペースにモノを合わせる生活を心がけることです。言い換えるとそれは身の丈に合った生活をするということです。

まず自分に合った定量、つまりモノの数を見つけることからスタートします。

冷蔵庫もクローゼットも中にしまえる量や数には〝定員〟があります。車でも飛行機でもすべて定員オーバーにならないように管理運営されています。

その機材にとっての過分は大きな事故につながりかねないからです。

私は我がスペースの定量を、70％と決めています。

残り30％の空きがあれば、風通しもよくなりモノが長持ちします。

どこに何があるのかひと目でわかるので管理しやすく、さらに掃除がカンタンです。

カンタンに掃除ができるということはいつもきれいを保つことができ、モノも人間も快適に過ごせます。

モノの多さを誇るより、心の豊かさを実感するほうが幸せだと思いませんか。

我が家の食器はゲスト用とふだん使いが同じです。

ドイツから帰国して収納スペースに食器の数を合わせる生活をしようと決めたのです。おかげで食器の数が三分の一に減りました。

食器棚はガラガラ、空間だらけですからどこに何があるかが一目瞭然。すぐ気がついたときに拭き掃除もカンタンにできます。

器の数が少ない分、料理の盛り付けの工夫をしなくてはいけませんが、それがまた新しい知恵の発見になります。でき上がった料理にどの食器を使おうかと考えるのも楽しいものです。大きめの湯のみ茶碗を茶碗蒸しに使ってみたり、日本食が似合うので、ドイツで集めたマイセンの大皿にはちらし寿司やカレーライスを盛り付けたり。

定番のルール

何事も定番を持つことは無駄なものが増えない第一歩です。

食器も洋服もあれこれ揃えるより色やブランドを決めておけば「これは違う」と買いたい意欲にブレーキがかかります。

ドイツ人の友人は徹底した〝定番主義〟です。

ブレザーを好み、色は紺とグレーしか持っていません。

派手な色は目立つので何度も着られないし、ワンピースより上下別のほうがいろいろ変化を楽しめる、というのがその理由。さらに、ワンピースよりスカートをはいたほうがさらにウエストが引き締まるそうです。

少ない洋服でスカーフやインナーで変化をつけ、いかに多くの着回しができるかに知恵を絞るのです。

彼女の場合、洋服も家具もすべて定番を決めています。

持つものの種類を決めておけば余分なものに手が出ないというのです。残念ながら私はそこまで徹底はできませんが、昔からブラウスは白、素材は絹かコットンと決めているのでかなり衝動買いに歯止めがかかっているような気がします。

定位置のルール

日本女性に掃除嫌いが多いのは、「片付けができない」せいかもしれません。

私のもとへ寄せられる多くの質問も「頑固な汚れの取り方」と同時に「整理整頓が上手になりたい」が目立ちます。

掃除が上手な人は、片付け上手で、部屋がいつも整理整頓されています。部屋がきちんと片付いていれば、物を移動する手間なく掃いたり拭いたりできます。だからいつも小ぎれいな状態を保てるのです。

さらに、モノには人間同様〝住所〟を決めてあげることです。

そしてそれをしっかり守る習慣を身につけるのです。

モノの住所を決め、使ったモノは必ず元に戻す。モノの置き場所が決まっていればどんなものがどれだけあるかもハッキリしますし、手入れも管理も簡単です。

たとえば調味料なども量が少なくなっていたことが前もってわかります。

私はしょう油やお酢などの目で中身を確かめるものは三分の一の量になった段階で買い足し、ラップやアルミ箔などの中が見えないものは〝ワンストック・ワンユース〟を決めています。

つまり、使用中のものプラス一つを余分にストックしておくのです。こうすれば使っている最中に「なくなった」と慌てることがなくなります。

家事は自分以外の誰もができるようにしておけば、自分の身に何かが起こっても安心です。そのためにどこに何があるかを決めておくと家族や他人に意思や指示が伝えやすくイライラしなくてすみます。

モノの定位置を決めるときは、好きな場所、使いやすい場所、邪魔にならない場所、部屋が広く見えるように配慮しながら考えます。

捨てたくないものは捨てない

シンプルライフを心がけるから、ものはないほうがいいというわけではありません。いらなくなったものをいさぎよく処分する心構えも大切ですが、どうしても捨てたくないもの、処分したくない想い入れの品をどうするか。

我が家にある取っ手が取れて食器としては使えないけど、どうしても捨てたくないイギリスで手に入れたティーカップ、子犬の時代にドンキーが耳をかじった木製のウサギの置物など、数えればかなりあります。どれも私にとっては外国暮らしの楽しく苦しい想い出がいっぱい詰まったものです。そんなものはひと工夫して違った目的に使うことにしています。

イギリス時代のティーカップは水栽培のポトスを入れ部屋のテーブルに置けば観葉植物として立派なインテリアになり、耳のないウサギはフェルトの帽子をかぶせて居間の片隅に置けばかわいいアクセントになります。

すべてのものを「捨てたくない」とキープすればいくら部屋が広くてもモノがあふれます。必ず優先順位をつけることがポイントです。

私の基準は3つ以上の捨てたくない理由を見つけられるものを優先します。

押入れの上手な収納術

昔から日本人は押入れという仕切りのないシンプルな収納場所を重宝してきました。今や昔のままのライフスタイルというわけにはいきませんが、伝統的押入れも上手に使えばまだまだ便利な収納スペースなのです。何よりもシンプルなので管理もカンタンです。

押入れは上段、下段、天袋の3つのスペースがセットになっています。仕切りのない大まかな箱のような空間なので入れ方には工夫が必要です。

モノを収納する前に「何を」「どこに」「どれだけ」をよく考えることです。季節の変わり目などに不要なものはないかどうかのチェックもします。

天袋はふだん使わない服や布団袋、アルバムや季節の品、想い出の品などを入れます。上段は毎日頻繁に出し入れする布団や衣類を入れます。立ったまま出し入れできる上段にはよく使う布団などを入れると身体もラクです。

下段は奥の部分と手前とに分けて考えることです。出し入れのたびに腰をかがめなくてはいけないので、キャスター付きの収納ケースを使うとラクにすぐ引き出せます。

季節の暖房器具や扇風機などは奥に、掃除機やアイロンなどのふだん使いのものは手前にします。

下段は湿気やすいので床にキャスター付きのスノコを敷きます。移動や出し入れがラクなのとキャスターの分のすき間で風通しがよくなり一石二鳥です。

湿気、防虫対策も必要です。ふだんから、引き戸の両端を10センチくらい開けて風通しをよくします。

衣類の収納の知恵

たんすやクローゼットに衣類をしまうときは必ずひと目で何が入っているかがわかることが基本です。特に引き出しにしまうときは、衣類の折りジワを最小限にするたたみ方が大切です。

私はクローゼットやたんすの引き出しに衣類をしまうときは70％収納を目標にしています。

30％の空きがあれば衣類のシワも湿気も防げますし、どこに何があるかが一目瞭然。いつでも探す手間なく取り出せます。

ドイツでは「たんすはものいわぬ召使」といわれ、いくら詰め込んでも何も言わず従順に受け入れてくれますが、それに甘えることなく、自分の管理のできる衣類の数をきちんと収納するように心がけなさいと戒めています。

シーズンが終わった色物のカーディガンやTシャツをしまうときは必ず裏返してしまいます。汚れと色あせ防止のためです。

セーターをたたむときは中央に身ごろと袖を折りたたみクルクルと巻くようにすると

折りジワができません。

同じ種類の衣類は同じたたみ方で色別にまとめて、襟付きのブラウスやシャツは少しずつずらして襟が見えるようにしまうと取り出しやすくなります。

クローゼットの70%収納の目安は、右か左に洋服を寄せると三分の一の空きスペースができ、洋服の間に5センチくらいのすき間があります。

カーテンよりロマンシェードのすすめ

我が家はカーテンをやめてロマンシェードにしたのですが、上まで巻き上げれば透明のガラスから光が十分に入りますし、下までおろせば外部を完全に遮断できます。

木の家にも障子のような感覚で似合います。掃除もホコリを払うだけで手入れも簡単。時間のない私の生活にはとてもシンプルで気に入っています。

心地よいインテリアのヒント

私は毎日の暮らしの中で感動したり思い出として大事にしたいものを部屋のインテリ

アに生かすことにしています。

ハンブルクからアウトバーンを北へ車で90キロ走ると広大なドライビングレンジを持つゴルフ場があります。そこで手に入れた木彫りのゴルフ人形は、リビングの片隅のグリーンの横に置き、当時の感動的な広大な気分を思い出しています。

オランダの片田舎の雑貨屋さんで手に入れた木製のアヒルの置物。かわいいと思わず叫んで買ってしまったものですが、その腕に蓼科《たてしな》高原で買った寒暖計をぶら下げて、キッチンの窓辺に置き、その日の温度をチェックするのに重宝しています。

このように我が家の〝わけあり〟の置物たちは、毎日時間に追われる私にほっとする空間を提供してくれているのです。

自分にとっての「贅沢」

人によってそれぞれの生活や暮らしがあるようにその暮らし方や価値観も当然違います。

私は自分にとって最高の「贅沢」を持つことこそ生活にハリとエネルギーを与えてく

れるような気がします。

10年前、ささやかな家を建てたとき、趣味のワイン棚を作りたいと思いました。趣味といっても美味しいワインをたったのグラス一杯飲むだけのこと。でも、私にとっては最高の〝贅沢な時間〟なのです。

いつでも家にいながら美味しいワインを楽しむことができ、そのための環境をお金をかけないで作れれば最高です。幸いに半地下の小さなスペースに場所を確保できたので、職人さんにワインの貯蔵棚を作ってもらいました。

「初めてのことなので」といいながら職人さんは、廃材で丁寧にワインのコルクが乾かないように斜めの角度を工夫しながら棚を完成させてくれました。

その方は、初めて挑戦した自分の立派な〝完成品〟を眺めながら、あまりにも簡単にでき上がったことに感動しつつ「ぜひ自分のうちにも作りたい」と目を輝かせていました。私にとってのささやかな贅沢がこんなに他人を喜ばせることになるなんて、私の心もなんだかうれしくなってしまいました。

ペットと暮らす

我が家にはまもなく13歳になるラブラドールリトリーバーの老犬「ドンキー」がいます。

足腰の弱くなった今でもいたずらでやんちゃで元気いっぱい。

犬のカレとの共生は困ったこと、わずらわしいことも含めてハプニングの連続でしたが、結論は〝犬バカ〟といわれても、やっぱりカレがそばに居てよかった。仕事で疲れた心が和んでホッとすることが多いのです。

犬がいるので部屋も清潔に心がけ、ニオイがしないよう気をつけます。

床は特に汚れて不潔になりやすいので掃除機を頻繁にかけます。

玄関先にはニオイ消しに米のとぎ汁をかけたり拭いたりします。

汚物はすぐに拭き取り、台所用中性洗剤で拭き、仕上げはレモン汁で絞ったタオルでこするように拭き取るとニオイも汚れも〝さよなら〟です。

犬自身も毎日ブラッシングのあとマッサージを兼ねてぬるま湯で固く絞ったタオルで拭いてあげます。

無駄吠えをして近所に迷惑をかけないよう〝騒音防止〟や「犬の苦手」な人への配慮も忘れないようにしています。

家の中では自由に放し飼いですが、外ではたとえ森の中でもリードをつけて散歩させ、フンは必ず持ち帰ります。

子犬のときからきちんと訓練し、人間中心の生活に従順させ、犬も快適な方法がベストです。

第5章 美人の食生活

美味しく健康的な和食

最近は海外でも和食の良さが見直されています。

日本の伝統的な食事は〝粗食〟ですが、実は今の栄養学に照らしてみても理にかなっているそうです。

毎朝私は身体のことを考え和食中心の食生活を送るようにしています。

ご飯に味噌、しょう油、漬物などの発酵食品、そして納豆や豆腐などの大豆たんぱくに旬の野菜の煮付けや魚など。

忙しい朝、すべて手作りするのは大変なので煮物などは前日に用意しておきます。

また豆腐とわかめのみそ汁を作りながら大根とキャベツの塩もみをするといったふう

に一度に一汁三菜をスピーディに作る工夫をします。

またレトルトや冷凍食品なども上手に利用すればお弁当作りにも手間がかからずラクです。

長生きで健康的な生活を送っている方のほとんどが揃って「粗食」と「適度な運動」を挙げておられます。伝統的な和食の良さを毎日の生活に取り入れることは、日本人として生まれた特権かなと感謝しています。

朝食抜きにしないための工夫

私は必ず朝食は摂《と》るようにしています。

子供の昔、台所から漂う母が作る季節の野菜たっぷりのみそ汁の香りを思い出しながら朝のあわただしい中でも私流のみそ汁を作ります。

洋食でも乳製品や果物は冷蔵庫に常備し、季節の野菜サラダは前夜の夕食のついでに切った野菜をラップして冷蔵庫にしまっておきます。

たまごはゆでておけば手間がかからずに、かなり充実した朝食メニューができ上がります。これに果物が加われば理想に近い朝食です。

和食でもタイマー炊飯の炊きたてのご飯に新鮮な生卵をかけ、のりを載せしょう油をかければ美味しくいただけます。

前夜にみそ汁と野菜を煮ておいたり、生野菜にポン酢と鰹節をかければ立派な酢の物のでき上がりです。

朝に果物を食べる

人間のエネルギー源になるクエン酸やリンゴ酸は果物に多く含まれています。

朝起きぬけの身体には果物を食べるとエネルギーが補給できて効果的なのです。

しかも果物の酸は身体の目覚まし代わりになるのです。オレンジジュースを飲むとすっきりするのはそのためです。さらに果物はほとんどが生で食べられるので、忙しい朝など調理の手間が省けます。

心地よい睡眠のために

私は夕食は少なめに、できれば7時までに済ませます。

心地よい眠りに就くためには胃の中に何も入ってない状態がいいといわれますが、空腹では逆に眠れないことがあります。

そんなときは少し温めたミルクやココアなどを少量飲むこともお勧めです。軽い飲み物を胃に入れることで眠りを誘われるからです。

私の場合は大丈夫ですが、人によっては緑茶や紅茶などはかえって不眠の原因になるといいます。

外食の欠点を補う知恵

どうしても外食に頼らざるをえない人も多い現代社会。

その欠点を考え、それを補う知恵を持っていることは必要かもしれません。

外食を続けているとどうしても高カロリーや高塩分になったり、カルシウムやビタミンが不足しがちです。

栄養バランスを考えた社員食堂や家庭料理屋さんを利用することも一案です。

一般のレストランの食事はできるだけ和食のメニューを選びます。

たまにはどんぶり物もいいですが、なるべく野菜の炒め物やサラダを意識的に加えることも大切です。

料理はできなくても、野菜ジュースを飲んだり、野菜や果物はしっかり摂るように心がけることです。

硬水と軟水

私は一日にコントレックス水を1リットル以上飲むことにしています。

以前はそれほど飲まなかったのですが、今は定期的にジムで身体を鍛えたり水泳をしたりするので水は欠かせません。

ドイツ暮らしが始まった20年も前に、スーパーの店頭で水がずらっと並んで売られていたのには驚いたことがあります。その頃の日本人の飲み水は〝水道水〟でレストランでも水はタダでしたから。

今では私も含めて飲み水を買うことが当たり前の生活スタイルの人が増えました。

２００６年のミネラルウオーターの年間消費量はこの20年で25倍にも増えたといいます。

水に含まれるカルシウムとマグネシウムの総量で硬水と軟水とに分かれます。日本の場合ほとんどが軟水で、紅茶、コーヒー、ご飯や日本料理に向きます。硬水は肉の臭みを抑えやわらかくするので、洋風の煮込み料理に適しています。またスポーツをしたあとの栄養補給にも。

軟水と硬水は上手に使い分けすることで、その効果を引き出すことができます。

旬のものはたっぷりと

風光明媚な美しい日本の国土は、季節ごとに多くの山の幸、海の幸を生み、日本人はそれぞれの食べ方に生活の知恵で工夫してきました。

その伝統的な旬の味は数え切れないほど豊富です。

田舎育ちの私は野菜や果物は旬のものを必ずいただくことにしています。

夏は特に野菜が豊富ですので、路地モノのトマトやきゅうりやレタスを使ったサラダや、かぼちゃやナスの煮つけなどをたっぷりいただきます。

冷蔵庫にはカンタンにゆでた枝豆を常備し、ビールのおつまみや夜食のスナック代わりにします。

秋の食卓にはサツマイモのサラダ、ゆでたサツマイモをつぶしてマヨネーズで和えればでき上がりです。このサラダは魚にも肉料理にも合います。

栗ご飯もなつかしい母の味がいっぱい詰まっています。

冬は熱々をフーフーいいながら食べるけんちん汁。大根、ごぼう、サトイモ、人参、豆腐、こんにゃくなど旬の野菜が満載の具だくさんの一品です。

お米を美味しく食べる

炭水化物の摂り過ぎを気にしつつも私は白いご飯が大好きです。

お米を美味しく食べるためにはなるべく少しずつ買うことです。

家族数によって5キロ、10キロ単位と、2週間分が美味しく食べるコツです。

お米の保存は赤唐辛子を入れておく

おばあちゃんの知恵では米びつに入れ、防虫のため赤唐辛子を2本くらい入れておきます。

炊き上げたお米の芯には日本酒

水の分量が少なくて炊き上がったお米に芯がある場合、小さじ1程度の日本酒を振り、しばらく蒸します。

お米の美味しい炊き方

昔、お米はかまどに薪をくべて炊くのが普通でした。この方法が一番美味しく炊けるからです。

今は便利な炊飯器で炊くのが一般的ですが、上手な炊き方は――

お米は手のひらで米粒を崩さない程度の力でもむようにとぎます。

水が澄んでくるまで4～5回同じことを繰り返します。

ザルに上げて水気を切るためにしばらくおきます。炊飯器なら目盛りまでの水を入れスイッチを入れます。新米は水を少なめ、古米は少し多めに調節します。

スイッチが切れても15分くらいは蒸らします。

ご飯の縁からしゃもじを入れ、上下を入れ替えるように混ぜます。これを「天地する」と昔の人は言いました。

ゴミはできるだけ出さない

キッチンのゴミはできるだけ出さない工夫が必要です。

すべては買い物のときからスタートします。私は自宅で使うものはなるべく包装を省いてもらうことにしています。

最近はデパートでも欧米並みに、「ご自宅用ですか、贈り物ですか」と聞いてくれるようになりましたが、無駄な包装はなるべく省くことが基本です。

りんごなどの果物はなるべく皮ごと食べ、みかんの皮もジャムにして使い切ってしまいます。

ゴミはなるべく少なく、分別して出すようにし、収集日の朝、指定場所にルールを守って出します。些細なことでも一人ひとりがきちんと守ればそれだけで環境問題に協力し、貢献していることになるのを忘れずに。

調理のニオイは残さない

キッチンの空気はいつも澄んでいることが大切です。

私は調理のニオイには気をつけるようにしています。あとでレモンを絞ったり、コーヒーを沸かしたりするだけでもずいぶん違います。

食材を洗ったり、切ったりする準備の段階から、窓を開けたり、換気扇を回したり、ニオイが部屋にこもらないようにします。

特にキッチンの窓や換気扇は寒い冬でも頻繁に開けたり、回したりします。

キッチンのニオイは放置すれば壁や棚や床にしみつき汚れの原因にもなるのです。

ニオイから解放された清潔なキッチンは台所仕事も楽しくなります。

キッチンをいつもきれいに保つためのルール

キッチンの汚れはホコリ、水アカ、そして油汚れが混じっています。小さな汚れでも放置しておくと、固まって硬くなり取れにくくなります。つまり換気扇やレンジ台まわりの頑固で複雑な汚れとなってしまうのです。

汚れたらすぐ、使ったらすぐ。これがキッチンをきれいに保つための大原則です。

フライパン料理をした後、私は必ず周りの壁やレンジ台の表面をタオルで水拭きしておきます。目に見えない油汚れが1メートル四方に飛び散っているのです。

どんな調理器具も使ったらすぐ〝ひと拭き〟しておきます。

レンジ台まわりはお湯を沸かしただけでも目に見えない汚れがついていますので、ケトルやレンジ台を余熱があるうちにタオルで水拭きしておきます。

また汚れはニオイの原因にもなります。換気扇も一日一回全体をさっと〝ひと拭き〟しておけば汚れが複雑になりません。

私は一日の終わりにキッチンを離れるときは必ず床を拭きます。明日またキッチン仕事が楽しく気持ちよくできますように、と。

キッチンのインテリアは果物で

我が家のキッチンの片隅にはフルーツ籠とバナナツリーがあります。

これは実用とインテリアを兼ねています。

いつも季節のフルーツでいっぱいですので、部屋の素敵な香りにもなり色とりどりの果物は食べられる本物のインテリアグッズです。

4月はイチゴ、7月は桃やさくらんぼ、9月は梨、10月はぶどうや柿、11月からはりんごとみかん。

りんごはエチレンガスを出して他のフルーツの熟成を早めるので別の籠にします。

バナナツリーには毎日ジュースにするバナナやトロピカルフルーツが年中たわわに〝実って〟います。

自慢の手作りの一品を持つ

子供の頃から手作りのお菓子に囲まれて育ったせいか、どんなに忙しくてもたまにはお菓子を作ってみたくなります。

私の子供の頃のお菓子はたまごと小麦粉と膨らし粉を入れたとてもシンプルなものでしたが、大人になってイギリスで同じ味のスコーンを食べたときは感動しました。

私の手作りお菓子はすべて目分量。わざわざレシピを引っ張り出さなくても目と手が覚えているのですから簡単で気楽に作れます。

汚れをためない上手なキッチン仕事

キッチンの汚れはちょっとした手の動きや方法で、いつのまにかきれいに取れてしまいます。

排水口は使うたびに洗う

我が家には三角コーナーがありません。余分なものがあると掃除の箇所も増えます。

シンクの排水口は調理のたびにゴミを処理し、スポンジでかるく磨いておきます。言葉にすると大変そうですが、シンクを使ったついでに手が覚えているので時間は1分足らず。

料理と排水口の掃除はセット、食器洗いと排水口の手入れもセットです。

つまり、使ったときが手入れどきなのです。

グリルは余熱のあるうちに

我が家のグリルは魚だけではなくパンも小さなピザも焼けます。

つまり我が家のグリルはトースターも兼ねているのです。狭いキッチンで、いくら便利でも余分な器具を少しでも増やしたくないのでなるべく一つで何通りにも使えるものを選びます。

魚を焼いた後はニオイが残らないように余熱があるうちにさっとこすり洗いしておきます。ニオイが気になる場合、レモンなどのかんきつ類で磨くと消えます。

鉄板や網、そしてグリルの中や扉も拭き忘れないようにします。

シンクの下は70%収納

流しの下は湿気やすいのでニオイがこもります。

なるべく入れるものを少なくし、できればいつでも掃除ができるように70%収納をめざします。すき間があれば風通しがよく、いつでも掃除ができます。いつも扉を開け放し、空気を入れ替えるようにすればカビを防げます。

そして、汚れたらすぐ拭きます。

食器棚はいつもオープンに

ある地方の小さい旅館に泊まったときのこと、夜中に旅館の台所の前を通りかかったら食器戸棚の扉がすべて開放されていました。

聞くと、食器棚の中はニオイの原因になるので少しでも風を通して換気をしているとのこと。その旅館にはスリッパはなく、はだしで歩けるほど床もピカピカに掃除がしてあるので有名です。

なるほど、清潔ということは戸棚の中の空気もきれいでなくてはいけないのだと感心しました。私はキッチン仕事の間、ふだん使わない食器棚の扉を開けておくことがあります。少しでも空気を入れ替えると汚れもニオイも少なくなるからです。

ふだん使わない食器もときにはわざわざ使う機会を作って手入れをするようにします。

スピードクッキングのルール

私は結婚して自分で料理を作るようになったとき、できる料理を書き出してみました。10以上はあったでしょうか、われながらまずまずと、昔から母の料理の手伝いをよくさせられたことに初めて感謝したことがあります。

厚焼き卵、ほうれん草のおひたし、豆腐とわかめのみそ汁、きんぴらごぼうなどほとんどが和食でしたが、それが基本になってレパートリーが増えていきました。

同じ料理を何度も繰り返しているうちに手が手順を覚え、手際もよくなり、味への自信も生まれてきます。

私は出張で留守以外、前の晩に翌朝の朝食のメニューを考えておきます。

朝の忙しい時間を少しでもゆとりを持って過ごしたいからです。

仕事も準備が整っていればスムーズにいくことが多いものですが、料理も同じです。ほとんどが下準備のでき具合によります。

野菜などはよく洗ったあと、使いやすいように必ず切ってから冷蔵庫にしまったり、翌日のサラダ用の野菜は切ってポリ袋に入れ、空気を入れてから密閉しておけば鮮度が保てます。こうすれば手間をかけないで翌朝すぐ食べられます。
何事も次の行動をやりやすくするために今の行動があると思っています。

ちょっとしたコツで手早くスマートに美味しく

暮らしの中の家事は、ちょっとしたコツを知っていればずいぶん手早く処理することができます。私が日頃から重宝している日本の伝統的暮らしの知恵をご紹介します。

スピーディに

ブロッコリーを早くゆでるためには茎に十字の切れ目を入れます。

時間のかかる野菜をゆでるとき、「ツー・イン・ワン（2種類以上の野菜を同時に）」が便利です。温野菜サラダなどはたまごをプラスすればスリー・イン・ワンになります。

野菜や果物、魚介類をスマートに

野菜を冷蔵庫に保存する場合、新聞紙に包んだ葉っぱや根菜類は根を下にします。野菜は畑に植えられていた状態で保存すると鮮度が保てるのです。

レモンを絞るときお湯の中に数分つけると2倍の汁が取れます。

玉ねぎで泣かないためには水につけてから切ったり、皮をむいた玉ねぎをしばらく冷蔵庫で冷やしてから切ることです。

大根は部分別に食べることが美味しく食べるコツです。葉っぱは栄養豊富なのでごま油で炒め、頭の固い部分はみそ汁の具など。

一番美味しい胴体の上の部分は、大根おろしや煮物などに。下の部分は辛いので切干しや漬物に最適です。

ブロッコリーの洗い方は塩水の中で振り洗いし、あとは水洗いをすれば、つぼみの中まですっきりきれいになります。

ほうれん草をゆでるとき、砂糖をひとつまみ入れるとほうれん草の甘みが増します。これは苦味成分のシュウ酸を取り除いてくれるからです。

ゆずは切る前に塩で軽くもんでおくと香りが何倍にもなります。

イチゴはヘタつきのままレモン水で洗うと新鮮度が増します。

皮をむいて切ったりんごは塩水につけておくと変色しません。りんごのタンニンの酸化が防げるからです。

栗ご飯の栗は水に一晩つければ皮が簡単にむけます。

干ししいたけをもどすときは水につけますが、砂糖をひとつまみ入れるとしいたけのうまみを失うことなくもどせます。

かんぴょうは水で洗ったあと塩でもんでから、水につけてもどすと早くやわらかくなります。

カキを洗うとき、ザルに上げたカキに大根おろしをふりかけてから振り洗いすると取れにくいゴミや貝殻のくずがきれいになります。

豚肉をやわらかく煮るためにはパパイヤやパイナップルと一緒に料理します。これらの果物に含まれる酵素の力でよりいっそうやわらかく美味しくなります。

アサリやハマグリなどの砂出しには塩水につけ暗い場所に置いておきます。

釘や包丁などの鉄や金物を入れておけば効果的です。

料理上手になる伝統的テクニック

昔から煮物の味付けに入れる調味料の順番は「さしすせそ」。「さ」は砂糖、「し」は塩、「す」はお酢、「せ」はしょう油、「そ」はみそのこと、と私は母から教わりました。

なぜ砂糖の次が塩なのか、これは塩を早くから入れると食材を硬くしてしまうから。などなど昔の知恵はとても理にかなっていると感心してしまいます。

みそはすべての材料が煮立ってから。みそ汁も具に火が通ってから一度沸騰させて弱火にし、最後にみそを溶き入れるのが美味しく作るポイントです。

お酒とみりんの上手な使い分け

お酒は魚などの臭みを消してくれますし、みりんは煮立てると風味と照りをつける役割をします。

ぶりの照り焼きなどはまずお酒で魚の臭みを取り、やわらかくなってからみりんで美味しそうな照りを入れます。

野菜をお鍋に入れるタイミング

野菜をお鍋に入れるときは素材によって違います。
私は基本的には、「葉物はお湯から」「根菜は水から」と覚えています。

・水から入れるもの
人参、大根、ジャガイモ、さつまいも、かぼちゃ、サトイモ、かぶ、筍、ごぼう

・沸騰してから入れるもの
キャベツ、ほうれん草、チンゲン菜、小松菜、さやえんどう、いんげん、アスパラガス

身体を温める野菜と冷やす野菜

野菜の種類によって身体を温めるものと冷やすものがあります。

私の父の口癖は「旬の野菜を食べれば身体に良い」でした。それは、温める野菜は旬が寒い時期のものが多く、逆に冷やす野菜は旬が暑い季節のものが多いということなの

でしょう。昔の日本人の知恵は、健康に過ごすために旬の野菜をバランスよく食べることが一番、と教えてくれているのです。

ちなみに温める野菜は、玉ねぎ、にら、にんにく、ねぎ、かぼちゃ。

冷やす野菜は、きゅうり、なす、トマト、レタス、ほうれん草などです。

どんな野菜も生で食べると身体を冷やします、煮たり炒めたりして火を通すことも健康維持には大切です。

食べ合わせの知恵

人間同士も相性の良い悪いがあるように、昔から食べ物にも良い悪い「食べ合わせ」の知恵があります。ふだん当たり前のように食べ合わせているものの中には合理的で身体の健康のために理にかなっている昔の知恵が多いので神経質にならなくてもいいと思いますが、知っておくことをお勧めします。

良い食べ合わせ

・刺身とわさびとシソの葉

生魚には食中毒の原因になる菌が多いので、殺菌作用のあるシソとわさびを食べて予防します。

・とんかつとキャベツ

店によってはお代わり自由という「キャベツ」。とんかつには必ず横に添えられています。キャベツに含まれる繊維には豚肉の脂を吸収し、脂肪を燃焼してくれる働きがあります。とんかつなどの肉類を食べるときは野菜をたくさん食べるようにします。

・ところてんと酢じょう油とからしとのり

冷やして食べるところてんは、胃腸も冷やします。

身体を温めるからしと酢じょう油で美味しく食べながら体が冷えるのを防ぐのです。

のりは鉄分とカルシウムを補う意味もあります。

悪い食べ合わせ

・うなぎと梅干

昔の日本人なら誰でも知っているほど有名な食べ合わせ。

子供の頃、この話を聞くとすぐにでも身体のどこかが悪くなると信じてしまうほど大人たちは食べ合わせを真面目に生活の中に取り入れていました。

この食べ合わせは、実は、梅干で口の中がさっぱりし、ついうなぎを食べ過ぎてしまうのをやめさせるためのものでもあったといいます。

確かにうなぎと梅干で身体を壊した人は聞いたことがありません。

・スイカとてんぷら／かき氷とてんぷら

子供の頃、てんぷらのあとにスイカやかき氷を食べるとおなかを壊す、とよく耳にしました。

これは油を使った食事のあとにおなかを冷やすスイカや氷を食べると胃腸が弱って下痢をするという意味なのです。

伝統的保存食作りは日本の台所の季節行事

私はこの10年近く毎年夏になると限定した季節の保存食を作ります。らっきょうの甘酢漬けと梅酒、昨年からは梅干作りが加わりました。沢庵漬けなど他にも挑戦したいことは山ほどありますが、自分のライフスタイルに応じて少しずつ増やしていければと思います。

ややもすれば現代の忙しさにまぎれて忘れがちになりそうな伝統的な季節の味を少しでも身近に感じていたいと願っています。

第6章 美人のお付き合い

ご馳走はなくても

私は気楽に人を自宅に招くようにしています。

テーブルいっぱいのご馳走がなくても、野菜やチーズなどの簡単なおつまみ、そして美味しいお酒やワインが一本あるだけで十分。あとは楽しい会話があれば最高のご馳走です。

人をもてなすために料理に翻弄されて心身ともへとへとになってしまっては、人を呼ぶのが億劫《おっくう》になります。人をおもてなしするためにはまず自分が楽しくなくては他人を喜ばせることはできません。

我が家のホームパーティの主役はボルドーの赤ワイン。安く仕入れて長く寝かせた愛《いと》しいワインをゲストとともにゆっくりと味わえばしみじみと暮らしの幅が広がる感じがします。

お付き合いの心得

毎日の生活の中で人とのお付き合いは欠かすことはできません。

スムーズな人間関係を築き上げるのは、温かい〝相手の身になる心〟とそれをあらわす洗練された〝マナー〟だと思います。

客人を迎えるマナー

ドイツ暮らしの中で特に印象に残っているのは、ドイツ人のゲストを迎えるときの心憎いまでの部屋の演出です。

どこのお宅もシーツもテーブルクロスも真っ白。きちんと洗濯し、ピーンと糊付けされた布のテーブルクロスやナプキンでコーヒーやワインをいただくと、その家の主人のさりげない最高のおもてなしの心が伝わってきます。

テーブルの中央には必ず生花が活けられ、そばのサイドテーブルにはほのかなランプの明かり、そしてろうそくのゆらゆら揺れる炎に照らされながらピカピカに磨きこまれたグラスやカップでいただく飲み物や食事。口に入れるものは簡素でも、昼夜を問わないその〝儀式〟は客人を最高にもてなす温かい心の演出なのです。

日本も昔は客を迎えるために玄関を掃き清めたり、打ち水をしたり、スリッパを揃えたりしていましたが、その心をだんだん忘れがちになってきたのは少しさびしい気がします。

迎える部屋に心を配る

家でも会社でも客人を迎えるとき、私が最初に気にするのは部屋の空気と温度。

客人を迎えるとき、部屋に新鮮な空気を入れ、温度を調節して客人の居心地の良い環境を作ることは大切です。清潔にしておくことはもちろんです。

部屋の温度は戸外との温度差があまりないようにします。

暑い夏は、前もって冷房を入れ快適な温度にした状態の部屋にお通しすることは、何よりのおもてなしです。

寒いときも同じように客人の様子を見ながら温度を調節することが必要です。

ペットは自室に

我が家には同居している老犬のドンキーがいます。

盲導犬に適しているラブラドールなので人間が大好き、いつでも来客は大歓迎です。犬の好きな人は話題になっていいのですが、中には犬がだめな人も多いので、来客時はあらかじめ別の場所に隔離します。

最初は「ボクも仲間に入れて、ウオオン」と悲しそうに鳴きますが、いつものことなのですぐあきらめておとなしくしてくれます。

できる限り、客人の立場になって考えることがおもてなしの心です。

おしぼりとお茶の用意

子供の頃、母は玄関先でも客人にお茶を出していました。

私はあらかじめ部屋に上がってもらうことがわかっている場合、お茶とお菓子の準備をしておきます。急須に茶葉を入れ、ポットからお湯を注いですぐ出せるよう、お盆に茶器とお菓子を人数分セットしておくのです。

あまり手間取るとかえって失礼になるので、タイミングよくさっと出せるようにしておきます。お茶とお菓子は同時に出しますが、そのときはおしぼりも一緒に出すと、手を拭くことができ、さっぱりした気分になり客人にはありがたいものです。

熱いおしぼりは、暑い夏でも気持ちがいいものですが、今のように猛暑になると最初はよく冷えたおしぼりのほうが気持ちがいいものです。

突然の来客に備えて

突然の来客で部屋を片付けるのに大わらわ、なんてことはありませんか。

私は失敗の経験から、あわてないためにふだんからリビングまわりはいつも整理整頓しきれいにしておくことにしています。

それでも今の住宅事情ではそうはいかない場合も多いのが現実ですが、そこで一案。

押入れやソファのすき間に紙袋に入れた余分なものをとりあえず一時的に隠してしまうのです。特に小さなお子さんのいる家庭ではおもちゃやこまごまとしたものがたくさんあるのでこの方法は便利です。

子供のおもちゃは大きなシーツを敷いてそこで遊ばせ、終わったらシーツごとくるんでしまう習慣も便利ですっきりします。

せっかく客人を迎えてもその準備であわててしまっては笑顔で迎える余裕もできません。ふだんのちょっとした心構えや知恵を働かせばそのゆとりは生まれるものです。

お見送りは門の外まで

私は客人がお帰りになるときは必ず門の外まで出て、姿が見えなくなるまでお見送りすることにしています。会社でも同じ。エレベーターまで必ずお見送りする習慣をスタッフたちにも持ってもらっています。

お見送りは〝最後のおもてなし〟です。いわゆる〝一期一会の精神〟で心をこめてお見送りしたいと思っています。

また、夜遅くなってもいつでもタクシーを呼べるようタクシー会社の電話番号を控えておきます。また、車までお見送りするようにします。

客人を送り出してすぐ鍵を閉めたり外灯を消したりするのは「やっと帰った」といわんばかりで大変失礼です。せっかくのおもてなしの心も全部吹き飛んでしまいます。

お年寄りなどは駅やバス停など近くまで荷物を持ってあげてお見送りするのも喜ばれます。

お迎えからお見送りまでちょっとした心のこもったマナーが最高のおもてなしなのです。

頼まれ上手、断り上手になる

人にものを頼まれた場合、引き受ける引き受けないは別にしてまずじっくりと相手の話を聞きます。話の内容を十分理解した上でどうするかを判断しますが、安請け合いは後々トラブルになります。

あくまでも引き受けようとする努力は大切ですが、手に負えないと思えば私情を挟まずきっぱりと断ります。

「考えておきます」というあいまいな態度で相手の期待を引きずることはかえって相手の立場を考えていないことになり良くありません。

断りの返事は、できるだけ早く、が原則です。

「いろいろあたってみましたが、残念ながらお力になれない」、と努力はしたけれどという気持ちが通じるようにすることが大切です。

知っておきたい手紙のマナー

私ははがき大の「サンキューレター」を常備し、名刺交換した方や季節の挨拶状、お礼状を手書きで出すことにしています。

メールでいただいた方にはメールで返信することも多いのですが、基本は手書き。会って話をするような親しみをこめて自然な感じで書くように心がけています。

手紙は、「前略、こんにちは」が前文、それに「用件、内容」などの主文、そして「かしこ」などの結びの挨拶の末文、最後に「日付、名前」などのあとづけの順番で書き進めるとうまくいきます。

時候の挨拶を忘れずに

四季折々の日本の風土の季節感を時候の挨拶として手紙の中に織り込むだけで、もらった人にほっとする印象を与えます。

私は一応季節の挨拶のパターンを作っていますが、「今年は早くから猛暑と大雨」といったふうにその年の微妙な天候の変化を織り込むことにしています。

時候の挨拶　私の場合

一月(睦月)　「寒さがことのほか厳しい今日この頃」「いつのまにか松がとれ寒さもさらに増して」

二月(如月)　「立春が過ぎてもまだ寒い今日この頃」「春が待ち遠しい今日この頃」

三月（弥生）　「暑さ寒さも彼岸までといいますが」「そこまで春の気配が感じられる」
四月（卯月）　「花冷えの候」「花便りが聞かれる」
五月（皐月）　「新緑の候」「若葉かおるさわやかな頃」
六月（水無月）　「初夏の装いがまぶしい」「梅雨空のうっとうしい毎日」
七月（文月）　「暑さ厳しい折から」「盛夏の頃」
八月（葉月）　「暑さもようやく峠を越し」「残暑がまだまだ厳しい毎日」
九月（長月）　「めっきり秋めいて」「読書の秋、吹く風の涼しさ」
十月（神無月）　「街の木の葉もすっかり色づいて」「味覚の秋となり」
十一月（霜月）　「晩秋の訪れとともに吐く息も白く」「日増しに寒さが感じられる」
十二月（師走）　「師走を迎えて」「年の瀬も近くあわただしい毎日」

手紙の書き出しと結語はセットで覚える

手紙の書き出しは、「拝啓」「謹啓」などですが締めの結語は「敬具」「敬白」です。「前略」は「草々」。「拝復」は「敬具」

専門的にはまだまだありますが、これらを一対で覚えておくだけで十分です。女性の場合、硬い感じになりそうなら結語に「かしこ」という書き方もあります。

あらたまった手紙は白い便箋と白い封筒

色柄物や模様のあるものは親しい間柄のやりとりに使います。

一般的には白い封筒と便箋が無難です。

はがきは簡単な用件とか親しい人に出す場合です。

正式な挨拶や目上の人には封書が丁寧です。また、受け取る人が他人に内容が知られたくない場合は封書にする心配りも大切です。

封筒の口は糊で封をし、「〆」と書きます。シールやテープは親しい人のみに限ります。目上の人には「封」と書くのが正式です。お祝いの手紙の場合、私は「賀」や「寿」を書くこともあります。

筆まめになるために

私はどんなに忙しくても気楽に手書きの礼状や季節の挨拶を出したいと心がけています。もともとそんなに筆まめではなかったのですが、会社を経営するようになってから「すぐ気軽に心を書く」ことを自分に言い聞かせ、以来習慣になってしまいました。

手紙は昔から感謝や心を伝える手段。短くても心温まる手紙を書く習慣を生活に取り入れる努力は続けたいと思います。

筆まめになるためには、書く道具がすぐそばにあることも大切。

私は街の雑貨屋さんや文具店に売っている一筆箋を集めたり、外国に出かけたら必ず気に入った封筒つきのカードを買い求めます。

正式な文章以外は心を伝えるために、話しかけるように短く書くことにしています。

きれいな日本語を話す

日本語には丁寧語、尊敬語、謙譲語があります。

子供の頃、私は「乱暴な言葉を使ってはいけない」と両親に言われ、「ひとつひとつ丁寧に話す」ことを国語の時間に学びました。

言葉には「言霊《ことだま》」があるといわれた戦前、相手によってその時々に合う言葉を選んで使う、そのような文化を私たちは持っていたのです。男女平等とはいえ、乱暴なオトコ言葉を女性が使うのは決して美しいことではないと思います。

関西育ちの私は、両親が「お芋さん」「南京さん」などと、丁寧語の「お」をつけて呼ぶたび、食べ物を大切にする温かい心が伝わるような気がしたものです。

ただ、「お酒」はいいけれど、「おビール」はどうかと。なんでも「お」をつければいいというものではありません。

いつの時代も言葉の使い方の常識を知っておくことはその人の美意識にもつながり、美しい日本語は人の心を打つので、人との付き合いをスムーズにします。

第7章 美人のおしゃれ

鏡をピカピカに磨く

昔の日本人は、着物の裏地に気を配るなど、見えないところのおしゃれを楽しみました。洋服やアクセサリーでゴテゴテに飾るより、目立たないところが清潔で簡素なほうがその人となりがわかるものです。

ドイツに住んでいた頃、知り合いのドイツ人に「水まわりをきちんときれいに清潔にしておくことが本当のインテリジェンス」といわれました。

いくら顔かたちを美しく磨いても、いつも使う鏡が汚れていたらその人の心の中身までもがわかるような気がします。

我が家には部屋ごとに数箇所鏡があります。

今日の顔色はどうか、洋服の感じは、などと鏡を使うたびに汚れがないかどうかチェックします。いつもきれいに磨かれた鏡は、自分の装いだけでなく心までも美しく映し出しているような気がします。

ジムよりも毎日の暮らしの中でダイエット

私はジムで水泳をしたり、トレーニングなどで身体を動かすことが大好きです。

ジム選びの多くの失敗経験から、歩いて10分のジムが自分に適していると今は落ち着いていますが、それでも時間をやりくりすることは大変です。

そこで、毎日の生活の中で「ながら運動」を実践しています。

わざわざ、エステに通ったり、ジムで身体をトレーニングしなくてもふだんの暮らしの中で簡単にできるものがたくさんあります。

何かの「ついでに」家でできますので気持ちもラク。

窓ガラスを拭いたり、掃除機をかけたりするとき腕や腰を気にしながら動かすと効果的です。私は窓ガラスなど高いところの拭き掃除は、二の腕と背中を思いきり伸ばしながら動かします。

床を拭くときはしっかりひざを曲げたり伸ばしたりしながらすると、おなかと足の運動になります。

階段はかかとがはみ出すような気持ちで駆け上がります。

食後10分くらいは、汚れた食器を片付けたり、テーブルを拭いたりして身体をこまめに「ながら家事」で動かします。

少し食べ過ぎて身体が重いと感じたら、バスタイムをいつもより15分長くします。湯船にゆっくり浸かりながら顔をマッサージすれば、心もゆったり、お風呂の水蒸気で顔のエステ効果もあります。

ブランド物はさりげなく

新宿のデパートにあるフランス製のブランド店はいつも香港からの若い旅行者でにぎわっています。聞くと、「本国より格段に安く手に入る」からだそうです。

20年くらい前のヨーロッパの日本人旅行者を思い出し、苦笑いしてしまいました。

最近はわざわざ外国まで出かけなくてもほとんどのブランド物が日本でも手に入るようになりました。それほど日本人のブランド好きは有名なのです。

私はブランド商品は、一見それとわかるものはなるべく避けたいと思っています。ヨーロッパに住んでいた頃に買い集めたひと目でそれとわかるヴィトンマークの小物やバッグ類を「旅行に便利で丈夫」なので今でも使っていますが、それはあくまでオフ用使いにしています。

オンなどに使う場合、場所によってはブランドマークが主張しないよう、さりげなくそれとわかるブランドの使い方もおしゃれです。単に皆が持っているからではなく、あくまでも自分に合うものかどうかの大人の選択眼を持ちたいものです。

自分に合った色を知る

私の知り合いの働く女性たちのほとんどは、ご自分の〝戦闘服〟を持っています。つまり、これぞといった大事なとき自分の一番好きな色の服、つまり〝戦闘服〟を着て勝負を賭けるのです。

私の場合は、黒のパンツスーツ。

女性が多い場所で話をしたり、ビジネス関連のパーティに出るときは必ず黒のパンツスーツで決めます。

男性が多い会合に出かけるときは淡いピンクや白の上着を羽織りますが、ボトムは必ず勝負色の黒のパンツかスカートで気を引き締めます。

知人の国会議員は「赤」で勝負に出る人もいますが、赤は太陽、炎、情熱を連想させるとかで、人に向かって強く何かを訴えるときはピッタリなのかもしれません。

私の〝黒のスーツ〟の理由は、黒という色が好きなせいもありますが、華やかな色が満ちあふれている会場などではかえって黒のほうが引き立つからです。

私は大きなイヤリングやネックレスをつけないのですが、むしろ大きなブローチがひとつあればどんな色のインナーも合う色が黒なのです。

ちなみに女性が好きな色は明るいラベンダー色といわれています。

女性用のパッケージや包装紙によく使われるのは、女性が手に取ってみたくなる色だからだそうです。

自分を一番引き立たせてくれる色を知って最高に自分をコーディネイトできることが理想です。

衣類が少なければ手入れが行き届く

自分に合ったおしゃれができる人は、自分の衣類を自分で管理できている人です。

いくら流行の先端をいくおしゃれをしても、自分のクローゼットにある衣類が手に負えないほど多すぎると手入れも行き届きません。

簡素だけれどいつも手入れが行き届いた清潔感あふれるおしゃれをしたいものです。

自分が気に入った良い素材のものを手入れをしながらときどき流行を取り入れ何年も着こなす。そのためには衣類の数や種類に自分の目が行き届くことが一番です。どこに何が何枚あるかはわからなくても、そこそこ少なければ手入れが行き届くので衣類が長持ちし、いつも清潔な状態が保てます。

目安はクローゼットの7割で、一方に寄せれば三分の一のすき間ができるのがベスト。

私は、年に数回、クローゼットやたんすの中を点検し、必要なものを確認しながらどこに何があるかを確かめます。限られた数の衣類には愛着がわき自分の装いの組み合わせにもバリエーションが生まれます。

必要で気に入ったものが、少しあればいいのです。

このような生活からモノを大切にする心が生まれるような気がします。

ファッションセンスはショーウインドウで磨く

毎日あわただしい日々を送っていますが、いつも小ぎれいに暮らしたり装ったりしたいと思っています。

身体のためできるだけ車を使わないようにしているので、打ち合わせや会議で出かけるときはなるべくにぎやかな表通りを選び、ショーウインドウを眺めながら早足で歩くのが習慣になっています。

ショーウインドウを見れば今流行の洋服のデザイン、その着こなし方や色などがすぐわかります。

店先の華やかなディスプレイを見ながら我がクローゼットの衣類を思い出し頭の中で

その組み合わせをあれこれ想い浮かべると楽しくなります。

流行には少し敏感に

世の中は〝ドッグイヤー〟といわれその経済変化はめまぐるしいものがありますが、流行も同じです。もたもたしていると「去年のはやりモノ」といわれかねないほどあっというまに過ぎ去っていきます。

モノが氾濫する今、流行を追いかけることばかりに熱中すると自分らしさを見失ってしまいます。流行に振り回される必要はありませんが、それを無視するのもどうかと思います。むしろ、時代の新しい流れを知り、意識することは大切です。

できれば毎日のファッションに少し取り入れることもいつまでも若さを保つ秘訣かもしれません。

衣類の一部やアクセサリーに流行の色を取り入れるのも一案です。

私は、毛皮がはやったとき本物はかわいそうなのでフェイクの小さなミンクの小物をバッグや携帯につけて楽しみました。

ちなみにファッションの流行は10年ごとに繰り返すといわれています。

流行の色や柄の衣類は、気に入ったひとつを残してあとは処分したり、人にあげたりすると物があふれることなく、またはやったときに使えます。

毎日同じ靴をはかない

あるデパートの靴売り場で買い物をしていた母娘が、「これを買ったらどの靴を処分するか」を相談していました。靴は要らなくなったからといって他人に差し上げにくいものの典型です。自分が持てる靴の最低の数を決め、それを毎日順番にはいていくと数も増えず長持ちします。

良質の革靴は3足あれば十分です。しかし、私も含めほとんどの人はそれ以上あるのが現実です。しかし、最低の基本の数を知っていれば10足になれば持ちすぎかなと自分にブレーキがかかり、新しく買うときに「どれを処分するか」の気持ちが生まれます。

革靴は生き物なので、はいたら翌日は必ず休ませます。

同じ靴をはき続けることは靴のためにも足のためにもよくないのです。

それに、手入れの行き届かない靴を毎日はくことはその人のだらしない暮らし方が表れているような気がします。

アイロンかけが上手になるコツ

流行だからとヨレヨレのTシャツやワイシャツを着るのも忙しいときは便利ですが、たまにはパリッとアイロンのかかったシャツを着ることは心と身体へ「しゃきっと」メリハリを与える〝エチケット〟です。

昭和30年代の高度成長期まで日本の家庭では毎日のアイロンかけは家事では当たり前の光景でした。母は父のワイシャツはもちろん、夏になると麻の上着を着るたびにアイロンでシワを伸ばしていました。シワだらけのシャツはだらしない、エチケットに反すると思われていたのです。

今、幅広い年齢層の主婦に「苦手な家事は」と聞くと、アイロンかけが「掃除」の次にくるほど苦手な人が増えています。

私は母のやり方の見よう見まねで中学生の頃からやってきたので年季が入っています。

ふだんワイシャツや背広やスーツ、絹素材の衣類などはプロのクリーニング屋さんに任せてしまいますが、私は時間があるときはまとめて普段着の衣類の「アイロンかけ」をします。アイロンかけが上手になるにはそれなりの年季も要りますが、気力があってコツをのみこめばきれいに仕上がります。

コットンのシャツなどを手早くきれいに仕上げるには、シャツを動かさないことです。そしてかける順番は袖、カフス、襟、後ろ身ごろ、前身ごろ、前たて。

下準備として霧吹きし、袖と身ごろを両手でしっかりと引っ張ってからアイロンをかけます。アイロンの先端は細かいところを、本体は布地を上から押さえて使います。

アイロンを持つ手は力を抜いて、本体のハンドルは軽く握り、アイロンの重さを上手に利用します。

スカーフ一枚あれば

私の住んでいた北ドイツは夏でも夜は冷えるので大判のスカーフが手放せませんでした。冬でも寒い日はコートの上からスカーフを羽織るととても暖かく、大判のスカーフが2、3枚あれば同じコートがまるで違うものに変身します。

以来、私はスカーフが好きになり、絹のスカーフはスーツのインナーに、カシミヤの大判のスカーフはひざ掛けにしたりコートやブレザーの上から羽織ったりと重宝しています。

スカーフは結び方ひとつで同じセーターやスーツの印象がまったく別のものに変わるので少ない衣類が何通りにも着こなせます。

カシミヤ、ウール、それに絹のスカーフは見た目以上に汚れています。

私は5回以上使った後や、シーズンオフなどを手入れ時と決めています。

覚えておきたいスカーフの結び方

スカーフの結び方も何通りかありますが、基本の結び方を覚えておけば便利です。

私はセーター、スーツ、ブラウスなど何にでも合う定番の結び方の「リボン結び」が好きです。

これはリボン部分を小さくしたり、大きくしたり、リボンの左右の端の長さを変えてみたり遊び心を楽しみながら取り入れています。

スカーフの柄の出方をＴＰＯに応じて変えてみたりしてもいいかもしれません。

また、ライニングといってスカーフを三角折りにしてスーツの襟から少し覗かせても素敵です。

散歩のときこそおしゃれを

犬の散歩をしていると、ヨレヨレのＴシャツを着てジョギングをしたり、ウオーキングをしたりしている人を見かけますが、こんなときこそおしゃれをして見る目を楽しませてほしいと思います。

ドイツ人の友人は「おしゃれをして歩くことは、洗練された楽しみのひとつ」と、散歩のときも服装に気を配っていました。

私の場合、毎日のドンキーの散歩にはセーターやＴシャツにカプリパンツやジーンズですが、ふだんの仕事着では使わないカラフルで健康的な色合わせをして楽しんでいます。

お肌の手入れは身近なものでこまめに

知的で品よく見える人は素肌美にも気配りをしているようです。

私はメイクアップにはエスティローダーやディオールの口紅やグロスなどのメイクアップ化粧品を使いますが、基礎化粧品は日本製の肌に合ったもので整えています。

それに昔からの日本人の肌に合った美容の知恵なども知っておくと便利です。

熱いタオルで顔をしばらく蒸らしてから化粧水をたっぷりたたくようにつければ化粧ののりが違います。

また、料理が好きな私はよくゼリーを作って冷蔵庫に入れておき、夜食に食べたりしますが、ゼリーの材料のゼラチンは肌によいといわれるコラーゲンたっぷりなのです。

夏のスイカの季節になると、食べた後のスイカの皮の内側で顔をマッサージします。しばらくして水で流すだけですが、肌がヒンヤリして引き締まった感じでとても気持ちよい家庭でのエステです。これは子供の昔、知り合いのお年寄りがやっていたのをまねたもの。その女性の真っ白で引き締まった肌はいまだにあこがれです。

また、きゅうりを輪切りにして顔にのせると日焼けあとの肌に潤いを取り戻せます。これは映画の中でハリウッドの女優さんがやっていたので私も料理を〝しながらエステ〟をときどき実践しています。〝ながら〟ですから、きゅうりは薄く切ったほうがずり落ちません。

料理で使ったたまごの殻の内側のヌメリを目じりにつけておくと気になるシワ対策にもなります。これも昔からある日本女性の知恵です。

身体の中から美しくなる

誰もが持続的な魅力を感じる美しさとは、顔の美醜ではありません。
身体全体からにじみ出る教養とともに健康的な明るさです。
加齢によるシワが少々あっても年相応の健康な身体から発するエネルギーに人はひき

つけられます。

顔同様、身体全体にも気を配るように毎日を過ごすことが大切です。

ボディマッサージやエステのプロに任せた気分転換もたまには必要ですが、お金をかけなくても日常の暮らしの中でできるものがあります。

自分でできるエステは日々の暮らしの中でわずかな時間を見つけ、しかも毎日継続可能です。

毎日入るお風呂でお勧めなのが〝半身浴〟です。ちょうど胃の辺りまでのお湯に浸かり、ゆったりと汗が出るまでが目安です。

身体の芯から温まり血行が良くなり肌にも冷え性にも良いそうです。好きな香りのろうそくがあれば心もリラックスします。

疲れた足には昔からある〝足湯〟が効果的です。

大きめの洗面器に熱めのお湯を入れ足をつけると身体全体の疲れが足から癒されます。カモミールなどのハーブやライムを少量たらしてもリラックス効果大です。

バスタイムといえば、市販の温泉の素や入浴剤も手軽ですが、入浴剤になる身近な天然素材を知っておくと便利です。

お風呂好きの日本人は昔からお湯の中にいろいろな天然素材を入れ薬効も兼ねながら気分転換し暮らしを楽しんだのです。

干した大根の葉をヒバ（干葉）といって、これをお風呂に入れると〝ヒバ湯〟で、昔から傷を治したりするのに使われたそうです。

私はりんごの皮やバラの花びら、セロリの葉を浮かべて香りを楽しみます。

冬はゆずやみかんを丸ごと浮かべれば荒れた肌の回復に効果があります。

このように身の周りのものを大切にして活用することで、心も身体も充実し、いつまでも美しく若々しくありたいと思います。

第8章 美人のお金の使い方

お金は「節約」よりは「大切に使う」

「節約」という言葉に縛られ頭を悩ますより、「モノを大切にする」心を優先させる暮らしをすることが一番です。

心が貧しくなるような切り詰めた生活をするより、お金やモノを粗末にしない心が大切で、結果として「節約」につながるのです。

毎日のありきたりの暮らしの中で「もったいない」と思う気持ちを意識的に優先させるだけでどれだけのモノやお金が「節約」されることでしょう。

水という資源を「大切にしたい」ので、歯を磨いたり顔を洗ったりするときは蛇口から水を出しっぱなしにしないとか、電気を「大切に使いたい」から、使わない部屋のスイッチをこまめに切る、とか。

暮らしの中の「大切にしたい」気持ちは、いつのまにか自然の節約になり、お金も無駄なく大切に使うことになるのです。これこそゆとりある知的な暮らし方なのです。

無理のない節約

流行に惑わされたり、人のマネをしたり、無計画にモノを買ったりしているといつのまにか生活の幅が広がり、分相応以上のお金が出ていくことになります。

身のほどをわきまえ、収入の範囲で暮らす生活習慣をしっかり身につけることはとても大切なことです。丁寧な暮らし方はその人の暮らしの品格につながるからです。

賢い暮らし方ひとつで無駄が省ける

自分はどのように暮らすか。衣類から住まいのインテリアにいたるまであらゆるものの好みをはっきりさせると、持ち物の数も減り無駄なものを買ったりしなくなります。

もちろん、人間ですからたまに衝動買いをしてもどの程度までなら許容範囲かを決めておくのです。

我が家の食器は、自分で作ったものと萩焼そしてドイツで集めたマイセンが中心です。先日もデパートで素敵な急須を見つけましたが私の好みの「萩焼」でないことを理由に衝動買いの甘いわなにはまらずにすみました。

このように自分の周りのものに〝定番〟を決めておくと「欲しいもの」へのあきらめがつきやすくなるのです。

キッチンのラップ類も安いからといって買いません。ある日突然切れると困るので1本だけ買い置きするようにしています。ラップやアルミ箔の収納場所は引き出しひとつと決めているので、ワンストック・ワンユース（買い置きは1本のみ）の生活です。

野菜もまとめて買うのは漬物にするときだけ、2～3日で食べる分をそのつど買います。新鮮な野菜は身体にもいいし、使いきれないとお金や資源の無駄になります。

買わない理由を探す

買い物癖のある人はモノは増えますが、お金は減ります。

モノが増えるとそれを管理したりする手間がかかりストレスがたまります。

買いたくなったら、まず「買わない理由」を探してみます。衣類なら手持ちのどれを処分するか、小物ならどこに置くのか、食べ物なら「身体にいいか悪いか」など。

欲しいと思ったそのときには絶対買わず、お店を一周したり、日時を変えてみるとかします。たいていのものは時間をおくと熱病が冷めたように「なぜあんなものが欲しかったのか」ということになります。どうしても熱が去らないものもありますが、改めて出かけてその商品がなかったときは「自分には縁がなかった」とあきらめることです。

買い物上手になる

安いからという理由でモノを選ばないことは大切です。女性はバーゲン大好き人間が多く、私もバーゲンセールは嫌いではないので、これまでもつい「安い」と必要でないものまで手にして多くの無駄な失敗を重ねてきました。

3つまとめればおまけがつくといわれて買ったものは、たいてい使う出番がなく無駄になることが多いものです。

スーパーに出かけるときに必ず冷蔵庫の中身をチェックすることは、余分な食料品を買わないためのリスクマネージメントです。企業でいう〝在庫チェック〟です。ついでながら、空腹時は余計なものを買いがちです。出かける前にお菓子をひと口つまんでおくと防げます。

買い物上手は暮らし上手といわれます。よく考えて選べばモノも増えず、節約につながります。そして、今必要なもので良質なものを適当な値段で買うことが賢い買い物哲学です。

これ以上要らないものを紙に書く

人生にはたまには立ち止まって考えたり、リセット（出直し）することが必要です。毎日の暮らしにも同じことがいえそうです。

私はときどきこれ以上要らないものを紙に書いてみます。モノがこれ以上増えないようストップをかけ、暮らしを心機一転リセットするためです。アクセサリー類、衣類、電気製品、スカーフ、食器、かさ、靴、時計、まだまだあります。メモを見ながら私は「しばらく買うのをやめる」と自分に言い聞かせるのです。

何事も無理は禁物ですが、ある程度自分へのブレーキとなる目安を持つことが大切です。

簡単なエコライフを実践する

上手で無理のない節約をする、そしてゴミを減らすことは暮らし上手な〝暮らしの賢人〟につながります。地球や環境にやさしいエコライフを送るためのなにげない知恵は毎日のやさしい暮らし方の中から見つかるはずです。

エコロジカルな生活に関心を持ち、自然環境や環境保護のために何ができるかを、大げさではなく、毎日のさりげない生活の中でできることから始めることです。

毎日の無理のないエコライフの積み重ねはいつのまにか大きな山となり、やがてはエネルギーや天然資源、そしてあなたのお金の節約にもつながるのです。

私が実践しているささやかなエコライフ

・スーパーにはできるだけエコバッグをさげて出かけ、野菜や果物を入れます。
・生ゴミはできるだけ少なくする。果物や野菜はよく洗い、皮ごと食べたり調理する。
・水道の水を大切に。蛇口を開けたまま歯を磨いたり、流水で野菜や食器を洗わない。
・電気のスイッチはこまめに切る。
・冷蔵庫の開閉を少なくする。
・使用済みの原稿用紙やレポート用紙は裏をメモ用紙に使う。
・処分する古着のボタンは再利用のためとっておく。
・古くなって色あせたTシャツは床を拭いたり犬の身体を拭くのに使う。
・古くなった男物のワイシャツは女性用のパジャマ代わりに使う。
・必要以上の石鹸やタオルはバザーに出す。

ゴミを減らすエコライフ

ゴミを減らすコツはあなた自身の暮らし方の中にあります。

夏みかんがたくさん手に入ればジャムにしたり、三つ葉やセリなどの根のあるものは葉を使ったあと水を含ませた脱脂綿の上に置くとまた葉が出て食べられます。

飲み残したビールなどはすき焼きの肉にふりかけたり、ぬか床に入れるとそれぞれ美味しさが増します。

しょうがやにんにくなどの残った薬味は冷凍すればまた使えます。

果物や野菜はなるべく皮ごと食べたり、生ゴミを減らす工夫をします。

たとえばジャガイモは皮つきのまま丸ごとゆでれば皮もむきやすく生ゴミが半減します。

たまには、一ヶ月食料品以外何も買わない暮らしをしてみる

ある調査によると、日本人の家庭には平均7000以上のモノがあるそうです。

どのように調べたのか興味がありますが、私の周辺を見ても「なるほど」と妙に納得

あるものをいかにやりくりしてうまく使い切るか、お金を使えない分たく恵が生まれてきたのです。しかも、これまでの自分の生活スタイルやモノの好でわかったのです。

さらに、私の暮らしの中には一つで済むものが、なんと何個も同じようなものが散乱していることに気がついたのです。それらはお金と時間を費やしただけで結局無駄になっていることもわかりました。

モノを持ち過ぎる弊害もわかりました。

収納スペースの能力を無視し、あっちの引き出しこっちのクローゼットにモノを詰め込み、いざ使う段になるとモノを探すのに時間がとられ、イライラが増します。ましてや出かける寸前に探し物をするはめになるとそれこそ悲劇です。時間がかかるだけでなく気持ちまでがイライラし、出かける前にストレスでいっぱいになってしまいます。無駄なお金を使わないことで余分なものが増えないことが発見できただけでも貧乏暮らしは貴重な体験でした。

エコバッグのこと

イギリスの有名なバッグメーカーの日本店がイギリス同様数量限定のエコバッグを売り出しました。なんと、買うために徹夜までして並ぶ人々、そして買えなかった人々もあったと聞きます。2100円というお手頃価格のせいだけでなく、ほとんどの人が「有名人が持っているから」とか「話題になっているから」という理由だそうです。

そのニュースを聞いて私は昔、ドイツでの「チュータ（プラスチックバッグ）」にまつわる苦い経験を思い出したのです。スーパーのレジ係の婦人に「プラスチックバッグをください」とお金（確か20円くらい）を出したところ、その婦人ににらまれたのです。

周りを見るとほとんどの人が自分の買い物バッグ（エコバッグ）を持って、その中に買ったものを詰めていました。

やがて、エコバッグを持参しないと「環境を考えない教養のない人」と見られるということがわかったのです。こちらがお金を払ってレジ袋を買うのに「文句はないでしょう」と思っていた自分の身勝手な態度が恥ずかしくなりました。

〃環境や資源を大切にするためにあなたに何ができるでしょうか〃

その答えが、環境にもやさしく何回でも使用できるエコバッグを持って買い物に行くことなのです。脱レジ袋は一人ひとりが環境やエネルギーを考え、限りある資源を大切にする運動に参加している気持ちのあらわれなのです。そのエコバッグの本当の意味を一人でも多くの日本人にわかってほしいと心から思います。

あとがき

昔から日本人の日常生活の中で自然に実践されてきた暮らしの知恵の数々は、日本人の心を支え、豊かな暮らしを作り上げてきました。

古き善き日本人の質の高い生活の知恵の積み重ねこそ、かつてのパワフルな日本の国を作る原動力でもあったはずです。

そして、モノの豊かさの陰に隠れ、ほとんど忘れられているように見えるその知恵の数々は、まだまだ今の日本人の心や毎日の暮らしのいろいろな場面で私たちの生活に役立つはずです。

この本は、欧米での暮らしの経験や日々私が考え、実践している生活論をつづったものですが、その基本になるのは、昔から今に伝わる日本人の美しい暮らしの知恵です。

品格あふれる〝真に豊かな日本〟を取り戻すために、今の日本人の暮らしをもう一度見つめ直す機会になれば幸いです。

この本を書くきっかけを与えてくださった幻冬舎の福島広司氏、鈴木恵美氏にお礼を申し上げます。

また、私のさまざまな暮らしを支えてくださっている多くの人々に心より感謝申し上げます。

著者略歴

沖 幸子《おきさちこ》

フラオ グルッペ代表、生活評論家。
政府審議会委員も務める。
ドイツ、イギリス、オランダで生活マーケティングを学び、
グローバルな視点を持った経営者として
広く活躍する一方、ライフスタイル提案型の
生活評論家としてマスコミで注目される。
『沖マジックでハッピーお掃除』
『ドイツ流 居心地のいい家事整理術』など
ベストセラー多数。
"Ask Sachiko"「沖 幸子さんに聞いてみましょう」
http://www.ask-sachiko.com

幻冬舎新書 053

美人の暮らし方

二〇〇七年九月三十日 第一刷発行

著者 沖 幸子

発行者 見城 徹

発行所 株式会社 幻冬舎

〒一五一-〇〇五一 東京都渋谷区千駄ヶ谷四-九-七
電話 〇三-五四一一-六二一一(編集)
〇三-五四一一-六二二二(営業)
振替 〇〇一二〇-八-七六七六四三

ブックデザイン 鈴木成一デザイン室

印刷・製本所 株式会社 光邦

Printed in Japan ISBN978-4-344-98052-5 C0295
お-2-1

幻冬舎ホームページアドレス http://www.gentosha.co.jp/
*この本に関するご意見・ご感想をメールでお寄せいただく場合は、comment@gentosha.co.jp まで。

幻冬舎新書

加藤鷹
エリートセックス

日本のセックスレベルは低下する一方。そこでカリスマAV男優である著者が、女性6000人との経験から導いた快感理論を展開。〝自分で考えるセックス〟ができない現代人へのメッセージ。

小浜逸郎
死にたくないが、生きたくもない。

死ぬまであと二十年。僕ら団塊の世代を早く「老人」と認めてくれ――「生涯現役」「アンチエイジング」など「老い」をめぐる時代の空気への違和感を吐露しつつ問う、枯れるように死んでいくための哲学。

小山薫堂
考えないヒント
アイデアはこうして生まれる

「考えている」かぎり、何も、ひらめかない――スランプ知らず、ストレス知らずで「アイデア」を仕事にしてきたクリエイターが、20年のキャリアをとおして確信した逆転の発想法を大公開。

白川道
大人のための嘘のたしなみ

仕事がうまくいかない、異性と上手につき合えない……すべては嘘が下手なせい！　波瀾万丈な半生の中で多種多様な嘘にまみれてきた著者が、嘘のつき方・つき合い方を指南する現代人必読の書。

幻冬舎新書

山﨑武也
人生は負けたほうが勝っている
格差社会をスマートに生きる処世術

弱みをさらす、騙される、尽くす、退く、逃がす……あなたはちゃんと、人に負けているか。豊富な事例をもとに説く、品よく勝ち組になるための負け方人生論。妬まれずにトクをしたい人必読！

みのもんた
義理と人情
僕はなぜ働くのか

仕事は「好き」から「楽しい」で一人前、1円玉を拾え、人の心を打つのは「本気」だけ。ひと月のレギュラー番組三十二本、一日の睡眠時間三時間。「日本一働く男」の仕事とお金の哲学。

小松正之
これから食えなくなる魚

マグロだけじゃない。サバも、イワシも、タラだって危ない！　国際捕鯨会議のタフネゴシエーターとして知られる著者が、あまりに世界から立ち遅れた日本漁業の惨状を指摘。魚食文化の危機を訴える。

萩野貞樹
旧かなづかひで書く日本語

「このあひだはありがたう」「きのふから雨が降つてゐる」――私たちが日頃使ふ「新かな」よりも洗練され、使ひ勝手もいい「旧かなづかひ」。本書でその基本をおぼえて日本語の美しさを味はひませう。